日本動物園
zoo trip
巡禮

楓葉社

前言

二〇二〇年的春夏之際，
日本有許多的動物園和水族館都陸續暫停營業。
動物們不再有機會跟到訪的遊客打招呼，
表演或公開訓練等熱鬧的盛況也不復存在。
而在這段寂靜的期間，
動物們的生活過得如何呢？

雖然實際情況我們不得而知，
但根據飼育員的說法，因為見不到遊客，
有些動物顯得寂寞又無精打采，
或是察覺到異狀而感到不安，做出不同於平時的行為。

然而，即使人類的世界天翻地覆，
動物們的日常卻幾乎沒有改變。

面對這樣的變化，
動物們仍舊每天吃好睡好、努力受訓。
反而是我們人類感到生活大受影響，
甚至難以接受而意志消沉。
正因如此，無論何時都能令人會心一笑的動物們，
變得更能治癒和撫平我們的不安，
以凜然佇立的姿態打動人心。

此外，在新冠疫情最嚴峻的時刻，
飼育員們仍努力守護著動物們的日常生活。
緊張地幫動物接生、憂心生病的動物，
亦或是承受動物逝去的空虛感——
這段期間，飼育員的辛勞也是難以言盡。

本書介紹的動物們，
都是飼育員們悉心呵護的寶貴生命。
包含休館期間無法親眼目睹的珍貴動物寶寶、
來不及跟遊客打招呼就轉到其他園區的動物，
以及沒能等到再相見的那天就不幸離世的動物。

本書收錄的照片中，捕捉了許多充滿幸福的瞬間。
像是動物向飼育員討食的逗趣模樣、
在高朋滿座的觀眾席前帶來精彩演出的身影，
還有動物親子、伴侶相互依偎的溫馨光景等——
衷心期盼這些珍貴時刻能持續到永遠。

INDEX

本書的閱讀方式

1 介紹動物的暱稱，沒有暱稱時則標示為「—」。

2 介紹動物的種類。

3 介紹動物的分類，標示綱、目、科。

4 介紹動物的年齡與性別。年齡為2020年11月24日當時的資料（部分除外）。特定動物沒有資訊時，則標示為「—」。

5 介紹動物的性格、特技、喜好。僅限跨2頁介紹的動物有此標示（部分除外）。

6 介紹動物的相關資訊，符合項目會顯示為彩色。

遊客可以觸摸。

其父母或兄弟姊妹也在動物園中，但可能待在不同展區。

不符合項目會顯示為灰色。

遊客能觀賞到表演或訓練過程。

遊客能觀賞到餵食秀。部分設施有餵食體驗，請務必事先確認資訊。

Category 01

HOKKAIDO

北海道／東北

TOHOKU

03 釧路市動物園

P018

地處日本最東邊，腹地面積廣大，園內共飼育並展出約54種336隻哺乳類、鳥類。遊客能在兼具森林、濕地的豐富自然環境中，悠閒欣賞北海道的特有動物，是極富魅力的動物園。

地址•北海道釧路市阿寒町下仁之志別11　**電話**•0154-56-2121　**開園**•4月上旬～10月中旬／9:30～16:30、10月中旬～4月上旬／10:00～15:30（入園受理至閉園前30分鐘）　**公休**•12～2月的週三（逢假日開園）　**費用**•兒童免費、大人580日圓不等　**車站**•自JR根室本線或釧網本線的釧路站，乘阿寒巴士，至釧路市動物園巴士站下車即達　**官網**•https://www.city.kushiro.lg.jp/zoo

04 北國優駿公園

P022

能與12種約80匹馬互動的主題公園。除了能體驗騎馬、馬車遊園，觀賞曾活躍於賽馬場上的純種馬外，由可愛迷你馬演出的「Happy Pony Show」也是非常熱門的表演。

地址•北海道苫小牧市美澤114-7　**電話**•0144-58-2116　**開園**•4月中旬～11月上旬／9:00～17:00、11月上旬～4月上旬／10:00～15:00　**公休**•4月10～14日　**費用**•兒童免費～400日圓、大人800日圓不等　**車站**•自JR千歲線的新千歲機場站開車15分鐘　**官網**•https://www.northern-horsepark.jp

05 秋田市大森山動物園～秋銀omorin之森～

P026

地處能遠眺秋田市的大山林中，在活用豐富自然打造的腹地內，生活著約100種600隻的動物們。園區的中心有湧水性天然沼澤，夏季會舉行馴鹿放牧活動。

地址•秋田縣秋田市濱田字潟端154　**電話**•018-828-5508　**開園**•3月中旬～11月／9:00～16:30、1月上旬～2月／10:00～15:00（入園受理至閉園前30分鐘）　**公休**•12月、1～2月的平日；3月1日～第3個週五　**費用**•兒童免費、大人730日圓不等　**車站**•JR各線至秋田站，乘秋田中央交通巴士，至大森山動物園巴士站下車即達　**官網**•https://www.city.akita.lg.jp/zoo

06 八木山動物公園　藤崎森林

P030

飼養約125種600隻動物，是日本東北最大的動物園。園區有許多精彩展區，例如瀕臨滅絕的黑犀生活的「非洲園」、蘇門答臘虎居住的「猛獸舍」，還有亞洲黑熊Tsubasa所在的「日本區」等。

地址•宮城縣仙台市太白區八木山本町1-43　**電話**•022-229-0631　**開園**•3～10月／9:00～16:45（入園受理至閉園前45分鐘）、11～2月／～16:00（入園受理至閉園前1小時）　**公休**•週一（逢假日、補假順延至隔日）　**費用**•兒童免費～120日圓、大人480日圓不等　**車站**•自仙台市營地下鐵東西線的八木山動物公園站出站即達　**官網**•https://www.city.sendai.jp/zoo/

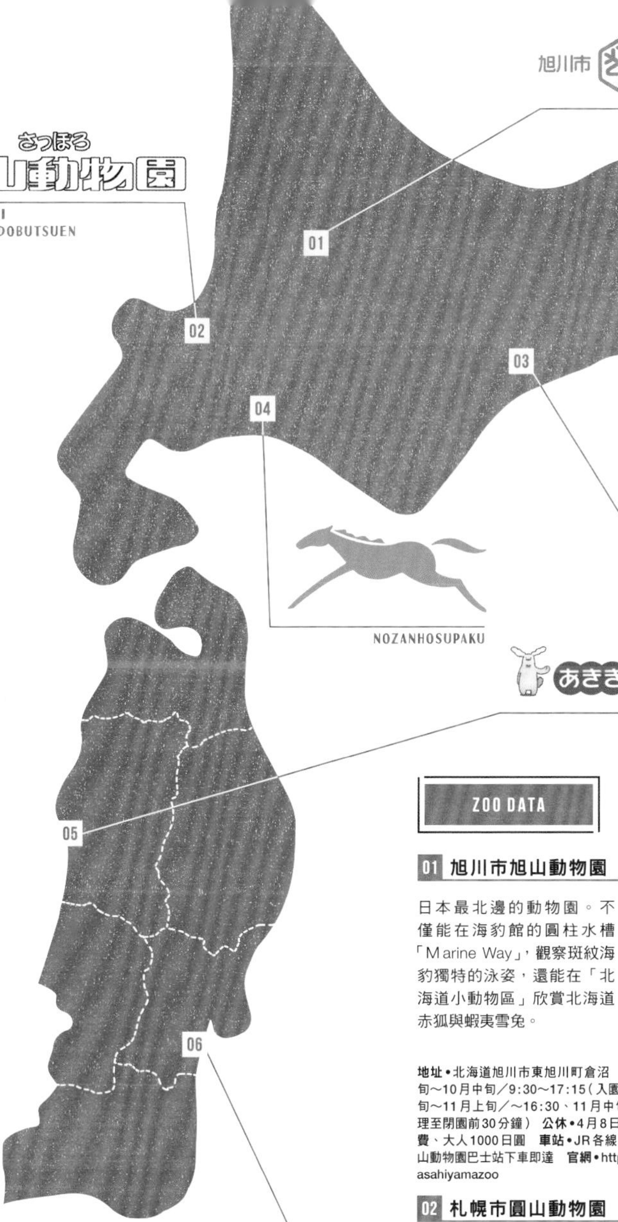

旭川市 あさひやま どうぶつえん
ASAHIKAWASHI
ASAHIYAMADOBUTSUEN
さっぽろ 円山動物園
SAPPOROSHI
MARUYAMADOBUTSUEN
01
02
03
04
05
06
KUSHIRO ZOO
KUSHIROSHIDOBUTSUEN
NOZANHOSUPAKU
あきぎん オモリンの森
AKITASHIOMORIYAMADOBUTSUEN
〜AKIGINOMORINNOMORI〜
八木山 動物公園
YAGIYAMA ZOOLOGICAL PARK
フジサキの杜
YAGIYAMADOBUTSUKOEN
FUJISAKINOMORI

ZOO DATA

01 旭川市旭山動物園

P008

日本最北邊的動物園。不僅能在海豹館的圓柱水槽「Marine Way」，觀察斑紋海豹獨特的泳姿，還能在「北海道小動物區」欣賞北海道赤狐與蝦夷雪兔。

地址•北海道旭川市東旭川町倉沼　**電話**•0166-36-1104　**開園**•4月下旬～10月中旬／9:30～17:15（入園受理至閉園前1小時15分鐘）、10月中旬～11月上旬／～16:30、11月中旬～4月上旬／10:30～15:30（入園受理至閉園前30分鐘）　**公休**•4月8日～下旬、11月4～10日　**費用**•兒童免費、大人1000日圓　**車站**•JR各線至旭川站，乘旭川電氣軌道巴士，至旭山動物園巴士站下車即達　**官網**•https://www.city.asahikawa.hokkaido.jp/asahiyamazoo

02 札幌市圓山動物園

P014

於1951年開業，是北海道首座動物園。擁有住著4頭亞洲象的日本最大象舍，還有專門為北極熊設計的戶外展區，內含岩壁、小河與水中隧道等設施。活用廣大腹地的展場為此園一大特色。

地址•北海道札幌市中央區宮之丘3-1　**電話**•011-621-1426　**開園**•3～10月／9:30～16:30、11～2月／～16:00（入園受理至閉園前30分鐘）　**公休**•第2、第4個週三；8月第1、第4個週三（逢假日順延至隔天）；4月與11月含第2個週三在內的每週一～五　**費用**•兒童免費、大人400～800日圓不等　**車站**•自札幌市營地下鐵東西線的圓山公園站，乘JR北海道巴士，至圓山動物園西門巴士站或圓山動物園正門巴士站下車即達　**官網**•http://www.city.sapporo.jp/zoo

旭川市旭川動物園、北國優駿公園
攝影：安彥嘉浩

旭川市
旭山動物園

北海道旭川市

大耳朵能聽清楚四面八方的聲音，狩獵時也能憑藉獵物發出的聲響接近對方。
為適應氣候變化，赤狐會於夏、冬兩季換毛。夏天清爽，冬天則換上毛茸茸的皮毛。

比狗更優秀的北國狙擊手

北海道赤狐

哺乳綱食肉目犬科

經常出現在民間故事或童謠裡的狐狸，從過去就住在人類村落的附近，而棲息在北海道的赤狐也經常會在觀光區等地現蹤。旭山動物園內飼養著2隻公狐，分別為0歲和11歲。0歲公狐是在二〇二〇年四月下旬，被村民於路邊的紙箱內拾獲。當時飼主把牠當成小狗飼養，但由於外型愈看愈像狐狸，這才找上動物園諮詢，透過毛色與堅挺的鼻尖等特徵確認是狐狸後，最終由園方收養。

照片提供（P10，P11國王企鵝）：旭川市旭山動物園
拍攝（上述以外的P8-P13）：安彥嘉浩

A 擁有比狗更挺拔的鼻尖，耳朵也更大，瞳孔則如貓咪呈縱長狀。嗅覺跟狗一樣靈敏，聽力和視力則比狗還要優秀，是各方能力都非常優異的狙擊手。**B** 攀附在鐵網上的小狐狸。掛在網上的鼻尖與腳掌超級可愛。

北海道赤狐的運動神經極佳，有些個體甚至能跳躍高達2m。

在展示區內，您可以看到牠們在各種圓木製玩具或鐵網上靈活跳躍、攀爬的姿態。

為了營造出更貼近大自然的環境，展示區設計成斜面，並設置了木頭與岩石。遊客可以透過小窗窺視，觀察赤狐悠然自得的身影。

0歲的小公狐總是精力充沛地在逗弄玩具；11歲的成年公狐則較為沉穩，經常曬著太陽、舒服愜意地打盹。

蜷縮著午睡。野生的赤狐在睡覺時，大多會把臉藏進蓬鬆的尾巴中，像這樣露出睡臉實屬罕見。

體長約50cm，是體型最大的日本兔。感知到任何動靜時，便會立刻豎起耳朵警戒。

A 與棲息在本州的日本兔相比，北海道蝦夷雪兔的耳朵較小，這樣的構造能避免體溫從皮毛較少的耳朵流失。**B** 純白的冬毛。蝦夷雪兔擁有比家兔修長的四肢，逃跑速度極快，最高可達時速80km。而牠們之所以能在柔軟的新雪上行走不會陷落，祕密就藏在那猶如雪橇鞋般巨大的後腳上。此外，腳底密集生長的毛也有助於止滑。**C** 與土地融為一體的夏毛。

在哪裡呢？
利用保護色躲貓貓

蝦夷雪兔

哺乳綱兔形目兔科

說到蝦夷雪兔，人們的印象大多都是純白色，但其實這是牠們在冬天下雪時的模樣。蝦夷雪兔的毛色隨季節變化，夏天時會配合大地轉成褐色。

此外，為了躲避老鷹、貓頭鷹和北海道赤狐等天敵，蝦夷雪兔總是警戒著周圍環境，逃跑速度也是迅雷不及掩耳。聽說就算在展區內，白天時牠們也大多靜靜地躲在樹根或草叢等掩人耳目的地方，大家可以嘗試尋找牠們的蹤跡。

在12m的大型水槽裡優游

斑海豹

哺乳綱食肉目海豹科

具有能敏銳感知水流的鬍鬚。鼻孔平時總是緊閉，只有在呼吸時才會張開。

利用傾斜地勢設計的「海豹館」中，遊客能近距離觀察斑海豹特有的泳姿與活動方式。而場館中的最大亮點便是圓柱水槽「Marine Way」，能一睹海豹最擅長的垂直游動（右上照片）。

一步一腳印
解決缺乏運動的問題

國王企鵝

鳥綱企鵝目企鵝科

每年冬天積雪期，園方都會舉辦「企鵝散步」。活動1天2次，大家能一邊聽飼育員解說，一邊花30~40分鐘觀察企鵝們一搖一擺的可愛步伐。

國王企鵝是體型僅次於皇帝企鵝的品種。身體黑白相間，胸口則帶有漂亮的橘色花紋。

在巨大泳池裡
豪邁潛水！

——

北極熊

哺乳綱食肉目熊科

展場由巨大泳池構成，以溝渠取代欄杆，共有2處可供觀賞。冬天可以見到北極熊在裡面四處活動，時而刨雪製作睡覺的地方，時而又在冰上滑行後跳入泳池中。

冬天身材圓潤

——

蝦夷狸

哺乳綱食肉目犬科

蝦夷狸是夜行性動物，白天大多躲在洞穴中。為抵禦寒冷，冬天時會搖身變成圓滾滾的肥碩身材。

俗稱「博士猴」

——

德氏長尾猴

哺乳綱靈長目猴科

棲息在衣索比亞與喀麥隆。臉上的白鬍子充滿博士知識淵博的氣質，與額頭上的橘色毛髮形成鮮明對比。

C

A

D

B

與綠葉相互輝映的夏鳥

D

日本鷹鴞

鳥綱鴞形目鴟鴞科

每到夜晚便會發出人們熟悉的「咕—咕—」聲。夏季時，會遷徙到日本繁衍後代。

體型僅一片樹葉大

C

普通角鴞

鳥綱鴞形目鴟鴞科

全長20cm左右，是貓頭鷹中體型最小的品種，黃色的眼睛及好似耳朵的羽毛（耳羽）超級可愛。

日本最大的猛禽類

B

虎頭海鵰

鳥綱鷹形目鷹科

棲息在俄羅斯遠東地區的候鳥，冬天時會南遷到北海道過冬。個體數約5000隻，屬於瀕危品種。

冬天化成一尊雪人

A

雪鴞

鳥綱鴞形目鴟鴞科

生活在近似自然環境的戶外展區，冬天時羽毛會轉成與雪融為一體的純白色，令人難以發現蹤跡。

札幌市
圓山動物園

北海道札幌市

耳朵比非洲象小，耳朵的皮膚偏薄，天氣炎熱時能啪啪地揮動散熱。
園區內的2頭大象母女經常會交纏鼻子等等，做出親暱的肢體接觸。

生活在日本國內最大展場 來自馬來西亞的大象們

亞洲象

哺乳綱長鼻目象科

在圓山動物園生活的4頭大象，是馬來西亞在與日本建交60周年時送給日本的紀念禮。

隨著大象的引進，園方不僅新建了占地5200㎡的日本最大象舍，還將戶外展區鋪滿了沙子。因為沙不僅能減輕象腿的負擔，還能作為大象側躺睡覺時的靠墊。

據說野生的成年大象幾乎不會躺著睡，但該園的4頭大象每天都會躺著睡上3～6小時。

北海道的冬季很長，大象們有很長時間無法待在室外，因此室內的設施也很齊全。室內飲水處的水池深達3m，足以讓成年大象浸泡到全身。4頭大象都很喜歡洗澡，尤其12歲公象洗澡時的場面特別氣勢磅礡。

公象是採單獨飼養，另外3頭母象則過著群居生活。遊客不僅能觀察大象覓食，也能欣賞到大象們群居時特有的精彩互動，例如用鼻子互相交纏或一起沐浴等。

A 正在用象鼻捲著樹枝玩耍的模樣。園方會提供大象們大小粗細各異的樹枝或樹幹，既能當作飼料也能作為玩具。11點左右還能看到牠們尋找藏在沙子或岩壁中的飼料。B 17歲的母象和7歲的母象雖然沒有血緣關係，卻經常互相打鬧嬉戲。C 靈活地用長鼻子喝水的模樣。

垂吊著的網子或桶子內也有飼料，方便大象伸長鼻子取食。

照片提供（P16B．C，P17A）：札幌市圓山動物園
拍攝（上述以外的P14-17）：安彥嘉浩

北極熊天生小巧的耳朵能避免
體溫流失，且為了禦寒，牠們
就連腳底都長有蓬鬆的皮毛，
防寒措施可說是萬無一失。

A 戶外展區的地板採用草皮、土壤、沙礫與稻草等各種素材，周圍則有整片岩壁、自然樹木與小河等，北極熊能在戶外展區與寢室之間來去自如。B 偏小的頭部使北極熊的身體呈流線型，是非常適合游泳的體型。C 戶外展區中也設有泳池，讓遊客能近距離感受北極熊野生的氣味與氣息。

在充滿巧思的室外展區
感受北極熊的威猛＆氣魄

北極熊

哺乳綱食肉目熊科

圓山動物園的「北極熊館」設立於二〇一七年。在戶外展區與泳池的廣闊環境中，住著1頭6歲的母北極熊（父母目前在別館展示中）。

當初北極熊館落成時，戶外展區內本來聳立著11棵大樹，但隨著時間流逝，竟只剩下4棵。原因聽說是北極熊把這些粗達10㎝以上的樹幹折斷後，拋入泳池當玩具了。可見就算在人工飼養下，北極熊仍保有生猛的野性與好奇心。

C A
D B

日本最大的猛禽類

D

虎頭海鵰

鳥綱鷹形目鷹科

野生的虎頭海鵰會南下到北海道過冬。此園是從1951年開始飼養，並成功繁殖出15隻虎頭海鵰。

也會在札幌市內棲息

C

蝦夷棕熊

哺乳綱食肉目熊科

設有洞穴、山丘與森林的展場。遊客能在充滿大自然中，體驗猶如與蝦夷棕熊共處的感覺。

24小時形影不離的親子

B

婆羅洲猩猩

哺乳綱靈長目人科

棲息在婆羅洲的紅猩猩，日本國內共飼養33隻。而此園在2020年2月誕生了1隻猩猩寶寶。

猴子抱團暖呼呼

A

日本獼猴

哺乳綱靈長目猴科

這座園區目前有51隻猴子群居生活。在冬天早晚偏冷時，牠們便會成群抱團取暖。

釧路市動物園

北海道釧路市

全身覆滿白色羽毛，鳥喙與腳爪則呈黃色。由於是夜行性動物，白天幾乎都閉著眼睛，靜靜地待著。

A 目不轉睛朝這裡看的長尾林鴞。巨大的瞳孔能在黑暗中看清獵物，靈敏度為人類的10倍以上。**B** 長尾林鴞屬於夜行性生物，白天常停在棲木上或靜靜地待在木箱中。夏季夜間開園時，能看見牠們飛翔的身影，各位可以留意那雙驚人的長腿。**C** 躲藏在木箱中。長尾林鴞的性格敦厚，不愛引人注目。

北海道才能見到的優美白色身影

長尾林鴞

鳥綱鴞形目鴟鴞科

長尾林鴞是棲息於北海道地區的貓頭鷹品種。與本州的貓頭鷹相比，牠們的毛色偏白。據說貓頭鷹棲息地愈靠北，體色就愈白。

釧路市動物園的「貓頭鷹之森」中，除了長尾林鴞外，還飼養著鵰鴞與北領角鴞。各位可憑藉羽毛顏色、心型臉以及充滿特色的「貓頭鷹咕咕聲」，找出哪一隻才是長尾林鴞。

照片提供（P19B・C）：釧路市動物園
拍攝（上述以外的P18-21）：佐藤 章

此園在1995年時，成為全球第1個在人工飼養的條件下成功繁殖出毛腿漁鴞的動物園，而霧霧便是當時誕生的寶寶。

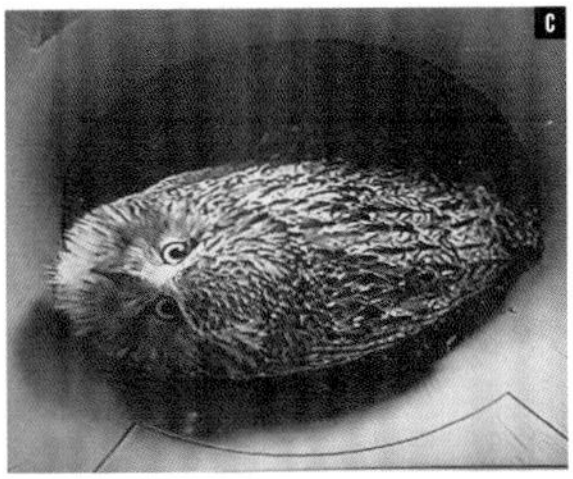

A 牠們有時會在梳理羽毛或放鬆時伸展翅膀。毛腿漁鴞是全世界最大的貓頭鷹，雌性個體較大，雙翼開展能長達約180cm。**B** 潛伏在巢箱中的TOKACHI。**C** 孵蛋中的霧霧。巢箱內設有相機，人們能透過螢幕看到裡面的狀態。結為伴侶的TOKACHI與霧霧在2020年4月孵出雛鳥，目前正過著一家3口的生活。

動物園的守護神？
全世界最大的貓頭鷹

TOKACHI & 霧霧

毛腿漁鴞

鳥綱鴞形目鴟鴞科

TOKACHI ▶ 21歲／♂　霧霧 ▶ 25歲／♀

毛腿漁鴞屬於天然紀念物，在日本僅棲息在北海道與北方領土。在阿伊努語中，牠們又被稱為「部落的守護神」（Kotan-Kor-Kamuy）。

毛腿漁鴞的警戒心極強，只有在展場後方時才會閉眼佇立，在柵欄邊上時則會緊盯著游客不放。傍晚是牠們較為活躍的時刻，隨著閉園廣播與音樂響起，有時能看到TOKACHI與霧霧分別發出「啵啵」、「嗚嗚」的叫聲呼喚彼此。

COCOA出生時有些毛病，因而採人工哺育，與人關係親近。在察覺到遊客時便會走近，還會像貓咪一樣對飼育員撒嬌，而且牠的一些小動作也很像貓咪呢（左圖）！

可愛得像隻大貓咪

COCOA

西伯利亞虎

哺乳綱食肉目貓科

12歲／♀

西伯利亞虎雖然是貓科動物中最大的品種，但COCOA的身型偏小。而此品種又稱「阿穆爾虎」，名字是源於其棲息地——俄羅斯哈巴羅夫斯克邊疆區的阿穆爾河（黑龍江）。

可愛到甚至出了寫真集

Milk

北極熊

哺乳綱食肉目熊科

7歲／♀

牛奶是男鹿水族館的豪太與釧路市動物園的胡桃生下的孩子。生性好玩，只要給牠塑膠油桶等玩具，便能看到牠又丟又壓地不停玩弄，有時還能看見牠直立起身體以雙腳行走。

北極熊的毛看起來呈白色，其實是透明的（皮膚是黑色）。此外，與其牠熊種相比，北極熊的臉部偏小、脖子偏長。

長頸鹿一家三口的溫馨生活

KOHAKU etc.

網紋長頸鹿

哺乳綱偶蹄目長頸鹿科

琥珀▸1歲／♂

KOHAKU對人類充滿好奇，總是以天真無邪的表情盯著人們瞧（左上圖）。琥珀的媽媽KOHANE正在吃樹葉的模樣，圖中可瞥見一點黑色的舌頭（左下圖）。

正在跟爸爸SKY撒嬌的KOHAKU。紅褐色中鑲嵌著白色線條的網狀紋路，是網紋長頸鹿的身體特徵。

擺出萬歲的姿勢「開動」

SHINGEN

喜馬拉雅小熊貓

哺乳綱食肉目小熊貓科

9歲／♂

尖銳的耳朵呈漂亮的三角形。SHINGEN每天都會在牠最喜歡的樹枝上午睡。

這天的餐食是梨子。從圖可以看到牠正靈活地以萬歲站姿取食（右上圖）。當飼育員向牠展示盤底，表示「已經沒有飼料」後，牠便會開始清理手掌、梳理皮毛（右下圖）。

北國
優駿公園
北海道苫小牧市
親吻遊客臉頰是蘇醬的特技，來Happy Pony Show能看到這項表演。
肩膀以下高度低於147cm的馬通稱迷你馬，牠們玲瓏的身形與蓬鬆的鬃毛充滿魅力。

每天舉行的Pony Show超精彩！
以馬為主題的體驗型樂園

蘇醬

迷你馬

哺乳綱奇蹄目馬科

10歲／♀

北國優駿公園，能在大自然中體驗騎馬、坐馬車的樂趣，還能欣賞到退役競賽馬。這裡有12種約80匹馬可供互動，簡直是愛馬人士的天堂。園區內到處設有放牧區，於每天早上開放。為了讓馬能安心食用，幾乎所有草皮都沒有使用農藥。

此外，為了避免馬匹缺乏運動，園方還設置了馬用無人走步機，讓牠們能在設施齊全的環境下無憂無慮地生活。

來訪北國優駿公園的時候，請務必觀看「Happy Pony Show」，在節目中能欣賞馬兒們盡情地揮灑個性與長處。表演由10匹迷你馬採每日輪替的方式進行。

其中最聰明的馬匹是10歲的母馬蘇醬，牠不僅深諳炒熱現場氣氛之道，還會在表演中增添精彩變化。據說牠曾在親吻小孩臉頰的環節，故意親了小孩的爸爸，不按牌理出牌的行動讓現場觀眾無不驚嘆，就連飼育員也很依賴如此經驗老道的蘇醬。

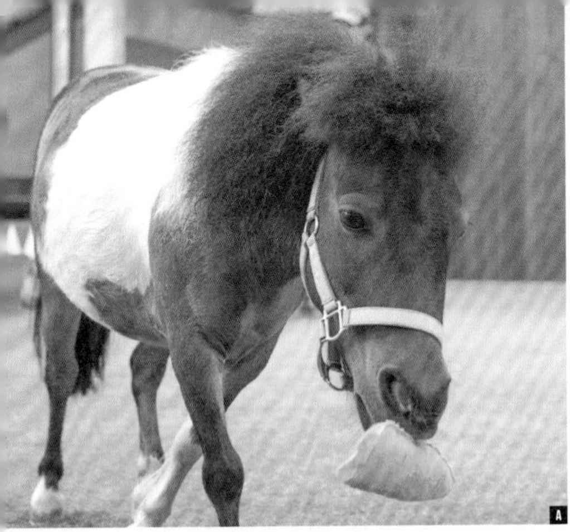

A 叼著最喜歡的胡蘿蔔玩具奔跑的蘇醬。B Happy Pony Show中，蘇醬以外的迷你馬也很活躍，圖中吐舌扮鬼臉、逗得觀眾樂不可支的是母馬MEME。C Happy Pony Show的舞台全景。D 馬兒們在戶外展區過得自由自在。

身手矯健地跳過呼拉圈的蘇醬。表演結束後還有「親近時間」，遊客能近距離摸到嚼著青草休息的迷你馬們。

蘇醬 DATA

- 性格｜聰明又有些頑皮
- 特技｜親臉頰etc.
- 喜好｜胡蘿蔔

照片提供（P22，P23C・右下，P25柯爾鴨）：北國優駿公園
拍攝（上述以外的P23-25）：安彥嘉浩

常見於西部牛仔電影中的馬種，在原產地美國也用於參與短距離賽馬。

性格沉穩
最快的短跑健將

Blossom

美洲奎特馬

哺乳綱奇蹄目馬科

14歲／♀

此園誕生的美洲奎特馬性格溫順，很適合騎乘。建議各位一定要來摸摸看，親身感受馬兒的這身結實肌肉。

溫柔又友善
人類有力的靠山

SOYUZU

半血馬

哺乳綱奇蹄目馬科

11歲／♂

SOYUZU的個性親人，對誰都很溫柔。無論是騎馬體驗課程、騎馬遊覽，還是在北國優駿公園舉行婚禮或馬拉松大會時擔任前導，牠都能完美勝任，是十分可靠的夥伴。

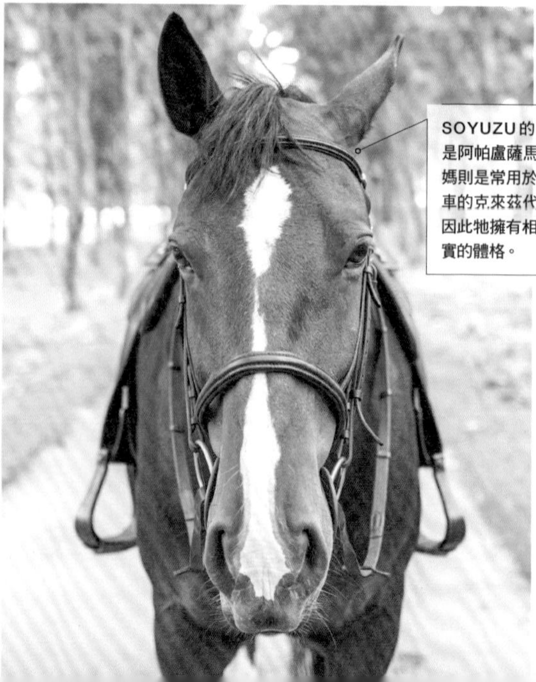

SOYUZU的爸爸是阿帕盧薩馬，媽媽則是常用於拉馬車的克來茲代馬，因此牠擁有相當結實的體格。

具有出色跳躍能力的賽馬界明星

Last Impact

純種馬

哺乳綱奇蹄目馬科

10歲／♂

親人的性格讓人難以想像牠曾經是一匹競賽馬。Last Impact對新環境的適應力也很高，很快就完成了出道秀。

Last Impact曾贏得金鯱賞與京都大賞典等多場大賽。2017年從競賽馬退役之後，牠便開始接受騎乘用馬的訓練，目前是表演大跳跨越障礙物的「Horse Show」中的明星馬匹。

牠也會一起參演！樂園中的隱藏主角

PIYO醬

柯爾鴨

鳥綱雁形目鴨科

5歲／♂

PIYO醬會在Happy Pony Show中弄開彩球，還會配合指示拍動翅膀，作為表演者帶來的娛樂程度和迷你馬不相上下，聽說PIYO醬也坐擁不少粉絲呢。

誕生於此園。在2016年的表演中出道，與迷你馬的跨族合作贏得許多喝采。

秋田市
大森山動物園
秋田縣秋田市
馴鹿的鹿角會隨生長汰換，在4~8月下旬能見到角仍包著鹿茸狀態。此外，牠們與纖細的鹿腿相比偏大的鹿蹄也很可愛。
戶外展示於每年6月下旬開放，遊客能欣賞到馴鹿在水邊吃野草或游泳的珍貴畫面。

能觀察到最野生姿態的放養型馴鹿

Rudolf

馴鹿

哺乳綱偶蹄目鹿科

Rudolf ▸ 7歲／♂

受到繪本等故事書的影響，許多人都知道馴鹿就是幫聖誕老公公拉雪橇的動物，但應該很少人實際見過牠們真實的樣貌。

此園正是以放養馴鹿名聞遐邇。園區地處位於日本東北的秋田，但與馴鹿出身的北美北部等地相比，氣候還是偏熱。因此在逐漸進入炎熱夏季的6月，園方便會在水邊實施放牧活動。運氣好的話，還能目睹馴鹿游泳的身影，這可是世界上少見的馴養模式呢！

這裡生活著許多頭馴鹿，但其中最引人注目的是1頭名叫Rudolf的雄鹿。據說Rudolf來園時非常瘦，需要負責人片刻不離地照顧，但也因此養成了牠沉穩的個性，即使馴鹿本來大多都生性膽小。如今Rudolf甚至有了自己的孩子，每天過得十分健康。

馴鹿們只要是長在戶外展示場的青草、樹葉都會去吃，但其實牠們最愛的是桑葉，所及範圍內的葉子總是最先被吃個精光。在此園中，各位也可以觀察到馴鹿們進食的景象。

A 6月開始放牧後，能看見馴鹿在水邊、天然沼澤中游泳的姿態。B 母鹿也有角，但公鹿的角更大。C 只有在吃到喜歡的食物和游泳時，才會翹起的短小尾巴。D 建議觀賞時間為上午10點以後，每當看見飼育員拿著飼料時，牠們就會變得比平常活潑。

正在吃滋養丸（固體飼料）的模樣。
馴鹿不會與同伴並排進食。

Rudolf DATA

性格｜溫順且對人類很友善
特技｜無（其實很怕水）
喜好｜桑葉

照片提供（下述以外的P26-29）：秋田市大森山動物園
拍攝（P27B-D・右下，P28雪豹左，P28小熊貓，P29小爪水獺右下）：近藤孝行

瀕臨滅絕的
夢幻豹子

Licht

雪豹

哺乳綱食肉目貓科

4歲／♂

魅力點是蓬鬆的胸毛，以及右耳根部的毛球。雖然是隻雪豹，但牠還是曾在雪地上滑跤。

Licht生活的岩壁展示區，還原了雪豹位於中亞等山岳地帶的棲息地樣貌。無論是在有高低差的險峻礫石間，還是數公尺的距離，牠都能輕鬆走跳！

小熊貓的「餵食時間」很值得一看，可以邊聽飼育員解說，邊觀察牠們用餐。爭先恐後搶食水果與竹葉的模樣簡直萌翻天。

貪吃鬼
小熊貓親子

Yuri etc.

小熊貓

哺乳綱食肉目小熊貓科

Yuri ▸ 7歲／♀

眼睛圓滾滾的Yuri與跟牠長相神似的孩子們。分辨寶寶們誰是左撇子，誰是右撇子也很有趣。

擁有傲人力量的海獅＆聰明絕頂的海獅

MAYA & AIRA

加州海獅

哺乳綱食肉目海獅科

MAYA ▸ 22歲／♂　AIRA ▸ 16歲／♀

AIRA很瞭解自己吸引人的優點。因為知道自己「吐舌」的表情很可愛，牠總會不停向飼育員吐舌扮鬼臉（左圖）。

MAYA正配合囃子音樂，用牠壯碩的巨大軀體舉起竿燈。這項與「秋田竿燈祭」連動的表演僅在7~8月演出。

活蹦亂跳的水獺家族

山蕨＆KITORA＆小沙包

小爪水獺

哺乳綱食肉目鼬科

山蕨 ▸ 6歲／♀　KITORA ▸ 5歲／♂
小沙包 ▸ 1歲／♂

這裡生活著由媽媽山蕨、爸爸KITORA與兒子小沙包組成的水獺家族。媽媽山蕨最喜歡的食物是淡水龍蝦（右上圖），而且牠還很頑皮，會在結束奔跑時，上演一段「下腰舞」（右下圖）。

餵食時間能看到水獺們為了抓取肉塊或魚片而活力四射地彈跳。圖為KITORA與小沙包。

八木山動物公園
藤崎森林

宮城縣仙台市

玩累時Tsubasa就會這樣懶洋洋地躺著，在岩石上展現毫無防備的睡姿。
偶爾牠也會好像被觸動了什麼開關似地，在戶外展區內奔跑或打滾嬉戲。

簡直就像披著熊皮的人
什麼都玩得有模有樣

Tsubasa

日本黑熊

哺乳綱食肉目熊科
推測4歲／♂

自小被收養的Tsubasa是由飼育員養大，因此並不怕人。當有遊客時，牠便會走近戶外展區的玻璃隔板，時而揮動棒子，時而跳躍，試圖與人類對話。

不過，如果透過玻璃隔板向牠展示未曾見過的物體，像是帶有樹葉的大型樹枝等，Tsubasa則會顯露出驚訝的神情，然後保持著站姿後退，躲在樹後探頭觀察的模樣也十分惹人憐愛。

據說Tsubasa很喜歡揮著棒子玩耍，覺得1根不夠時，還會同時揮2根。飼育員見狀，索性製作了三節棍擺在戶外展區，沒想到牠竟慢慢學會如何站著使用，於是「裡面好像有人」的傳聞在遊客間不脛而走。

能觀賞日本黑熊的時間為上午9點至下午4點（3月～10月時會延長30分鐘）。在Tsubasa來到戶外展區之前，飼育員們會先把飼料在場內各處藏好，這樣開園後遊客馬上就能看到牠覓食或攀爬樹木的可愛模樣了。

A B 正在玩輪胎。看到牠扛著輪胎的站姿，總覺得好像身穿玩偶裝的人……C 正在從裝有飼料的筒狀玩具（餵食器）中取食。D 為了引出亞洲黑熊爬樹的本能，園方架起粗壯的樹幹以利牠攀爬。

亞洲黑熊的特徵是胸前的月牙狀白斑，但Tsubasa的斑紋並不明顯，幾乎整身都是蓬鬆的黑毛。

Tsubasa DATA

性格｜溝通能力很高
特技｜揮舞物品
喜好｜水果（尤其是蘋果）

照片提供（P30-33）：八木山動物公園　藤崎森林

八木山動物公園　藤崎森林

當媽媽YUKI呼喊時，孩子RAN就會高聲發出「吼嗯」的可愛回應，是一隻性格十分親人的小犀牛。

A 犀牛們最愛吃青剛櫟樹葉跟蘋果。小犀牛RAN很喜歡睡在乾草上，有時還會邊躺邊嚼。B 曬著太陽的RAN和YUKI。C 犀牛擁有喇叭狀耳朵，和長著纖長睫毛的雙眼皮眼睛。牠們的尖角並不是骨頭，而是由纖維狀的物質固化而成，成分與頭髮相同。在日本能看到黑犀牛的動物園包含此園在內只有11間。

曬太陽後再吃頓飯
黑犀牛親子的溫馨日常

YUKI & RAN

黑犀牛

哺乳綱奇蹄目犀科

YUKI▶8歲／♀　RAN▶1歲／♀

園內共飼養著小孩RAN、媽媽YUKI與爸爸Earth共3頭犀牛。其中RAN和YUKI一起生活在戶外展區，很多人都很喜歡來欣賞犀牛母女倆一起曬太陽或洗泥巴澡的暖心場面。

RAN是在二〇一九年二月誕生，該園當時不僅是第一次接生黑犀牛，再加上黑犀牛的第一胎有近半數都是死胎，使得那時負責的飼育員非常緊張。幸好RAN最終順利出生，如今也過得活潑健康。

名字在夏威夷語為陽光之意
精力充沛的小老虎

Ao

蘇門答臘虎

哺乳綱食肉目貓科

1歲／♂

相對粗大的四肢是小老虎特有的體型，但黑色條紋則和成年老虎一樣清晰美麗。

蘇門答臘虎是老虎中最嬌小的品種。頑皮又親人的Ao在發現飼育員時，便會一溜煙地奔過來，然後飛撲在玻璃隔板上。

RENKON是隻飛速成長中的小袋鼠，與一起生活的成年袋鼠相比，牠的食慾相當旺盛。在澳洲全境內都能看到紅大袋鼠這個品種。

秀氣的臉蛋與婀娜的身體線條遺傳自牠美麗的母親，個性則有些膽小。

剛從媽媽育兒袋裡
熱騰騰地出袋

RENKON

紅大袋鼠

哺乳綱雙門齒目袋鼠科

1歲／♀

Category

02

KITA KANTO

北關東

01 那須動物王國

P036

園區廣闊，由以室內設施為主的「王國TOWN」和牧場型態的「王國FARM」2區構成。王國TOWN展示著現今蔚為話題的兔猻與沙漠貓等；王國FARM則能欣賞到鳥兒自由翱翔的人氣飛鳥秀。

地址•栃木縣那須郡那須町大島1042-1　**電話**•0287-77-1110　**開園**•9:30～16:30、週末假日／～17:00（入園受理至閉園前30分鐘）　**公休**•週三（逢假日開園）　**費用**•兒童免費～2400日圓、大人2400日圓不等　**車站**•自JR東北新幹線或宇都宮線的那須鹽原站搭計程車40分鐘　**官網**•https://www.nasu-oukoku.com

02 日立市神峰動物園

P040

1957年在與太平洋遙相望的神峰公園內開幕。貼近自然森林的環境中最值得一看的是「黑猩猩之森」，場內的黑猩猩們過著近乎野生的集體生活。而入園後馬上就能見到的亞洲象則是此園的門面。

地址•茨城縣日立市宮田町5-2-22　**電話**•0294-22-5586　**開園**•3～10月／9:00～17:00、11～2月／～16:15（入園受理至閉園前45分鐘）　**公休**•無休　**費用**•兒童免費～100日圓、大人520日圓不等　**車站**•自JR常磐線的日立車站，乘茨城交通巴士，至神峰公園口巴士站下車後步行3分鐘　**官網**•https://www.city.hitachi.lg.jp/zoo

03 東武動物公園

P044

結合動物園、遊樂園與植物園的複合型休閒設施。其中生活著約120種1200頭的動物，不僅有內容豐富的動物表演與導覽，在「松鼠猴樂園」還能看到稀有且話題十足的「水豚計程車」。

地址•埼玉縣南埼玉郡宮代町須賀110　**電話**•0480-93-1200　**開園**•10:00～16:30（隨星期變動、入園受理至閉園前1小時）　**公休**•6月的週三、1月的週二週三、2月的週二～週四　**費用**•兒童免費～1500日圓、大人1500～1800日圓不等　**車站**•自東武鐵道東武日光線或東武伊勢崎線的東武動物公園站，乘茨城急行巴士，至東武動物公園東大門前巴士站下車後即達　**官網**•http://www.tobuzoo.com

04 埼玉縣兒童動物自然公園

P048

坐落於自然環境豐富的比企丘陵，飼育著約200種動物。遊客不只能觀賞多隻稀有的無尾熊，還能看到超吸睛的短尾矮袋鼠（於2020年春天從澳洲來到此園，7月時還誕下了小寶寶）。

地址•埼玉縣東松山市岩殿554　**電話**•0493-35-1234　**開園**•2～11月中旬／9:30～17:00、11月中旬～1月／～16:30（入園受理至閉園前1小時）　**公休**•週一（逢假日開園）　**費用**•兒童免費～210日圓、大人520日圓不等　**車站**•自東武東上線的高坂站，乘川越觀光巴士，至兒童動物自然公園巴士站下車後步行1分鐘　**官網**•http://www.parks.or.jp/sczoo/

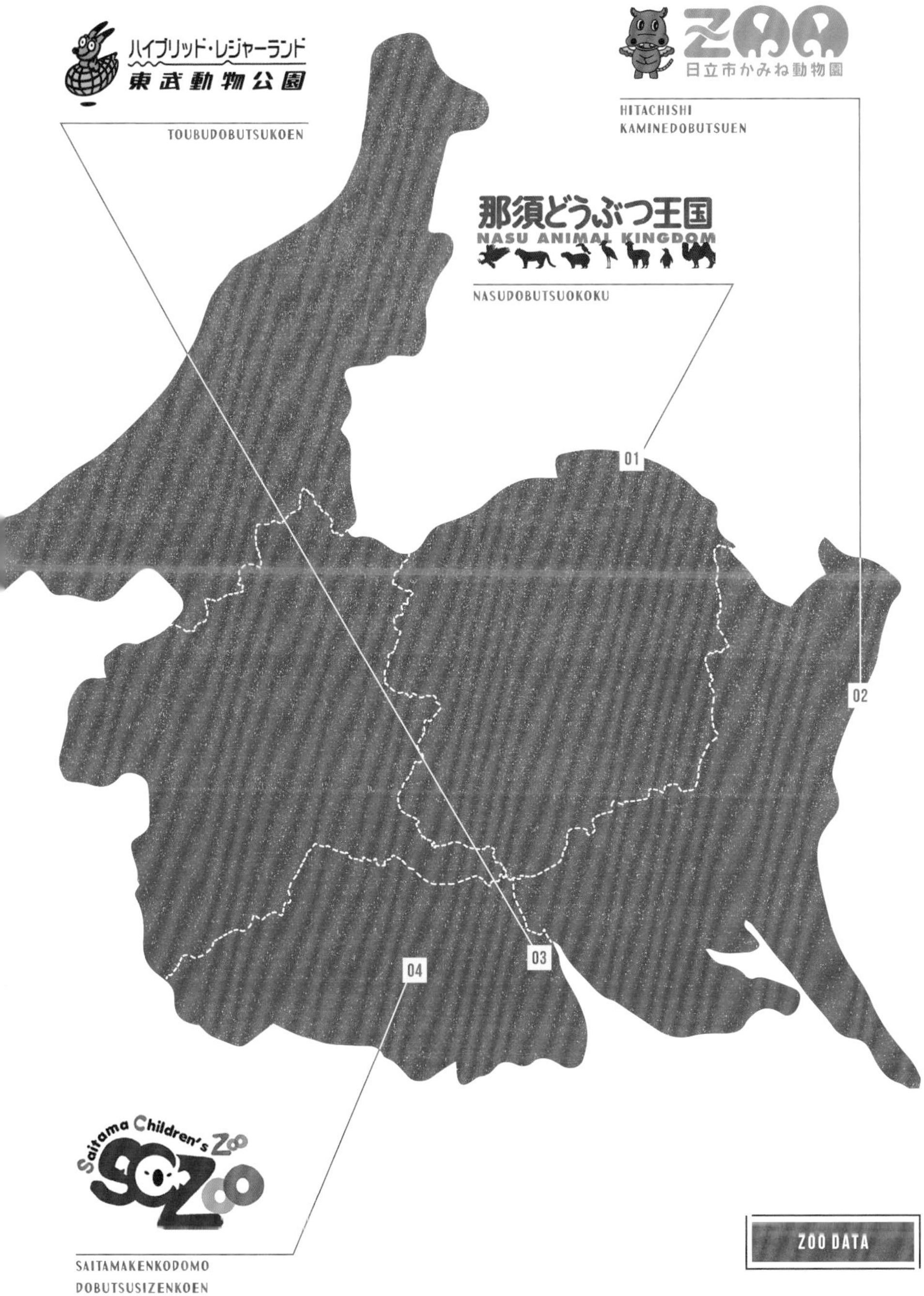

ハイブリッド・レジャーランド
東武動物公園
TOUBUDOBUTSUKOEN
ZOO
日立市かみね動物園
HITACHISHI
KAMINEDOBUTSUEN
那須どうぶつ王国
NASU ANIMAL KINGDOM
NASUDOBUTSUOKOKU
01
02
03
04
Saitama Children's Zoo
SAITAMAKENKODOMO
DOBUTSUSIZENKOEN
ZOO DATA

那須
動物王國

栃木縣那須郡

與臉相比，沙漠貓的耳朵偏大，形狀接近三角形且頂端尖銳，而鼻子則十分小巧。
若能看見牠們的腳底真的很幸運。為避免腳掌被炙熱的沙漠燙傷，沙漠貓的腳底長滿足以覆蓋肉球的長毛。

又稱「沙漠天使」
世界最小型的美麗貓咪

Sharif & Jamil

沙漠貓

哺乳綱食肉目貓科

Sharif ▶ —／♂　Jamil ▶ —／♀

那須動物王國的廣大腹地分為「王國TOWN」與「王國FARM」，園內飼養著許多動物。其中最受注目的是沙漠貓，擁有全世界最小貓科動物的玲瓏身形，以及被譽為「沙漠天使」的精緻外表，橫寬的臉型與巨大三角耳是牠們的身體特徵。

此園的沙漠貓在二〇二〇年四月誕下了小貓，雖然出生時狀態虛弱，但經人工哺育後已成功挺過危機並健康長大。

沙漠貓寶寶的爸爸叫Sharif，媽媽是Jamil。2隻的個性都很小心謹慎，剛來時總是躲在岩石與樹影後。不過牠們現在的警戒心已放鬆不少，能見到Sharif在睡覺，還有Jamil辛勤育兒的景象。

目前包括那須動物王國在內，日本只有2座動物園能看到沙漠貓，加上此園是日本國內成功繁殖沙漠貓的首例，在照顧和展示上都非常小心。據說剛開園時是牠們最活潑的時候，各位可以把握時間前往參觀。

A 感情很好的2隻貓總是待在一起。B Sharif有時會露出威嚇的表情。C 這隻是Jamil，就算在動物園住慣了也沒有放鬆警惕，建議可以觀察牠們有別於家貓的野性與行為。D 貓寶寶的名字經募集海選後，最終決定叫Amira，是阿拉伯語「公主」的意思。

用後腿站立並盯著飼育員的貓寶寶Amira，可以看到幼貓時期的耳朵就已經很顯眼。

Sharif & Jamil DATA

性格	謹慎且警戒心強
特技	很會躲藏
喜好	馬肉、小雞、老鼠

照片提供（P36-39）：那須動物王國

BORU擁有魅力超凡的精悍容貌與壯碩體格；Polly與BORU相比之下則有張可愛臉蛋，眼睛水亮圓潤。

A BORU給人目光銳利的冷酷形象。貓科動物的瞳孔收縮時大多會變成縱長狀，但兔猻的瞳孔收縮後仍會保持圓形。**B** **C** 夫婦倆的關係很有趣，各位有機會能觀察到當BORU在吃飯時，Polly會在後方緊盯並找機會上前進食等場面。這2張照片都是Polly。

蓬鬆的皮毛&
圓滾滾的瞳孔

BORU & Polly

兔猻

哺乳綱食肉目貓科

BORU▶6歲／♂　Polly▶5歲／♀

兔猻棲息在西伯利亞等高地，身體特徵是那一身為抵禦寒冷氣候的蓬鬆皮毛。在日本，兔猻是很稀有的貓科動物，僅7座設施能見到牠們。多數個體大都整天躲著、不見蹤影，但BORU很有服務精神，經常待在樹椿上以正面示人，遊客們都稱讚牠很好拍。

而牠的伴侶Polly在遇到感興趣的事物時，就會做出好像上了發條的動作等，模樣十分逗趣。

能摸到駝峰！

Jessie

雙峰駱駝

哺乳綱偶蹄目駱駝科

8歲／♀

Jessie活躍於載人遊園的「騎駱駝」活動中，遊客能體驗到乘坐在牠壯觀雙峰之間的樂趣。

人氣運動賽事占卜師

Olivia

非洲灰鸚鵡

鳥綱鸚形目鸚鵡科

15歲／♂

Olivia因預測運動賽事輸贏的新聞聲名遠播，而牠在表演中也很擅長擔綱搞笑角色。

4隻腳好像穿著白襪子，皮毛鬆軟得讓人忍不住想摸一把。

令和年出生的馬寶寶

REIKA

法拉貝拉迷你馬

哺乳綱奇蹄目馬科

1歲／♀

法拉貝拉迷你馬是全世界最小的馬，與人相比大概是這個大小（右圖）。遊客不僅能在馬兒散步時親近牠們，還可以在展場柵欄邊與牠們互動。此外，如果呼喚還是馬寶寶的REIKA，牠就會靠近「討摸」喔！

日立市
神峰動物園

茨城縣日立市

觀察黑猩猩特有的
集體生活

GOU & 草莓

黑猩猩

哺乳綱靈長目人科

GOU▶9歲／♀　草莓▶12歲／♀

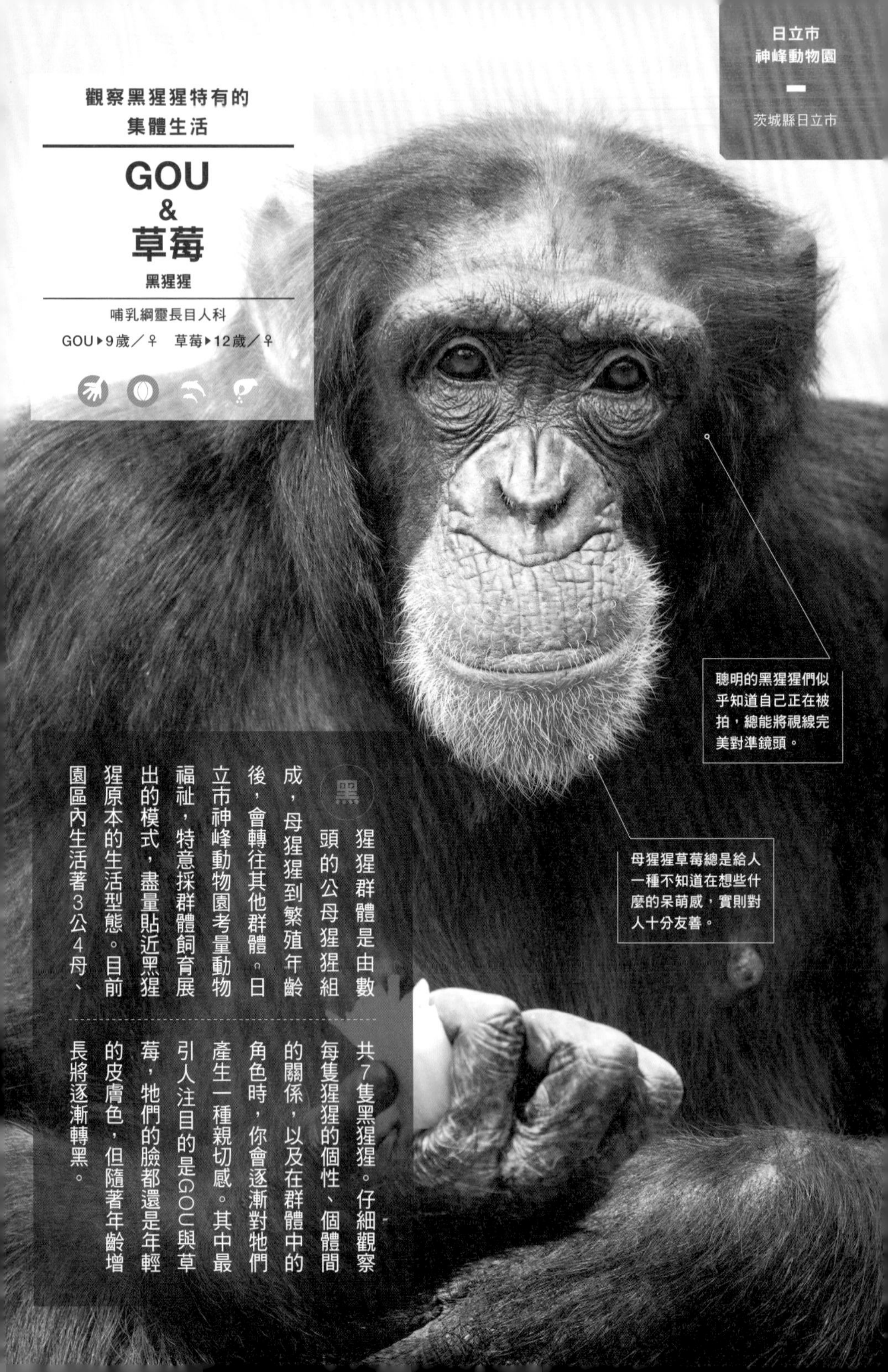

聰明的黑猩猩們似乎知道自己正在被拍，總能將視線完美對準鏡頭。

母猩猩草莓總是給人一種不知道在想些什麼的呆萌感，實則對人十分友善。

黑猩猩群體是由數頭的公母猩猩組成，母猩猩到繁殖年齡後，會轉往其他群體。日立市神峰動物園考量動物福祉，特意採群體飼育展出的模式，盡量貼近黑猩猩原本的生活型態。目前園區內生活著3公4母、共7隻黑猩猩。仔細觀察每隻猩猩的個性、個體間的關係，以及在群體中的角色時，你會逐漸對牠們產生一種親切感。其中最引人注目的是GOU與草莓，牠們的臉都還是年輕的皮膚色，但隨著年齡增長將逐漸轉黑。

A 野生黑猩猩的生活範圍是樹上和地面，於是展場不只還原了黑猩猩居住的森林環境，還設置了高塔，好讓遊客可以觀察牠們靈活攀爬的模樣。**B** 正在打盹的草莓，牠有時會露出放鬆的可愛表情。**C** 7隻黑猩猩聚在一起的場面超壯觀，不過可能會很難分辨。**D** GOU正在吃牠最愛的高麗菜。

黑猩猩的習性和行為五花八門。例如目前正處於青春期的GOU有時會向母親撒嬌，有時又想一個人獨處，情感和態度千變萬化。不過由於牠本性很守規矩，不管心情如何都會跟飼育員打招呼（握手）。另一隻草莓的性格獨特，但也很親人，無論對誰都會積極地展露背部「討摸」。

每天下午1點半開始的吃飯時間，是遊客觀察這2隻黑猩猩的最佳時機。

GOU & 草莓 DATA

性格	GOU很守規矩、草莓有點天然呆
特技	能靈巧地使用工具
喜好	高麗菜、葡萄、落花生

拍攝（P40-43）：岩村美佳

一對母象好閨蜜

MINEKO & SUZUKO

亞洲象

哺乳綱長鼻目象科
MINEKO▸39歲／♀　SUZUKO▸40歲／♀

亞洲象母象的特徵是小小的象牙，園方約2～3年會替牠們做斷牙保養。

好像在圍欄邊上聊天的2頭母象（左圖）。如果因為打架導致彼此的象鼻受傷時，飼育員會直接把飼料送到牠們嘴邊。

獅子親子的溫馨生活

Balmy etc.

獅子

哺乳綱食肉目貓科
Balmy▸13歲／♀

Balmy與4隻孩子一起生活（圖左）。有趣的是旁邊正好展示著習慣獨居的孟加拉虎，同為貓科卻有著不同習性，剛好可供大家觀察比較。

Balmy的體色偏深，額頭上還有皺紋。而女兒JUN的額頭上也有遺傳自母親的皺紋。

SAN因受傷失去了1條腿，但牠是隻貪吃鬼，只要看到作為點心的樹葉，就會急忙靠過來吃。

只有3條腿卻比
其他同伴都頑強

SAN

巴塔戈尼亞豚鼠

哺乳綱齧齒目豚鼠科

5歲／♂

巴塔戈尼亞豚鼠棲息在南美洲，牠們會一邊在廣闊的草原移動一邊找尋食物，於是園方便在展場內的各處設置餐台，而SAN也會跟大家一起覓食。

氣場驚人！
山魈界的帥哥

KENSHIROU

山魈

哺乳綱靈長目猴科

14歲／♂

雄性山魈的特徵是紅鼻子與藍白色的臉頰。KENSHIROU不僅體型比其他個體大，還長得很英俊。不過牠卻愛吃葡萄等甘甜的水果，而這種反差也是牠的魅力所在。

山魈棲息在非洲的熱帶雨林，據說牠們能靠著臉上鮮豔的色彩辨別同伴。

東武動物公園

埼玉縣宮代町

水豚會讓一起生活的松鼠猴搭便車，且不管松鼠猴在背上做什麼，牠們都不介意。

水豚給人悠閒又隨和的可愛印象，但其實牠們也有好強的時候。

司機就到那裡！水豚計程車

MATSU etc.

水豚

哺乳綱齧齒目豚鼠科

MATSU ▸ 4歲／♀

在東武動物公園的「松鼠猴樂園」不只有松鼠猴，還生活著水豚們，於是松鼠猴騎在水豚背上的名場面就此誕生，而這有趣景象又稱「水豚計程車」。各位可以看到被松鼠猴騎到背上、仍毫不在意到處走動的水豚，以及在水豚背上安然吃飯的松鼠猴。據說牠們甚至會把髒手抹在水豚背上。

天氣好的上午9點半或下午3點半左右，是最容易看到水豚計程車的時間，大家可別錯過囉。

性格安逸的水豚在天氣熱時就睡在樹蔭下，天冷時則改睡在暖爐下。聽說在目擊松鼠猴把手伸進水豚嘴裡搶走飼料時，就連飼育員也忍不住發笑。

不過水豚可不是一直都在睡，棲息於水邊的水豚在夏天會到水邊洗澡，冬天則可以看到牠們進到裝有熱水的水盆裡（水豚溫泉）。水豚們小心翼翼地踏入僅能容納單隻水豚的小水盆時，那可愛的模樣深獲遊客喜愛。

A 展區內還有一起生活的鵜鶘、雙角犀鳥與花冠皺盔犀鳥，是個與世無爭的和平世界。B 看起來好像在用手餵食，但其實是在口中奪食？C 坐好坐滿的松鼠猴們。有些猴子甚至還抱著孩子，感覺有些重……D 水豚泡湯現場。

相對3隻水豚，松鼠猴多達26隻，所以計程車經常客滿。不過在雨天時，園方會基於健康管理而把松鼠猴移往室內展區，因此有時無法看到牠們與水豚一起生活的景象。

MATSU DATA

性格｜悠然自得
特技｜搭載松鼠猴
喜好｜番薯

照片提供（P44-47）：東武動物公園

半身亂蓬蓬的
牛科夥伴

Stinger
&
SUMIRE

美洲野牛

哺乳綱偶蹄目牛科

Stinger ▸ 12歲／♂
SUMIRE ▸ 20歲／♀

夏季只有半身是亂蓬蓬的皮毛，臀部則光滑平整，但到寒冷的冬天時，就連臀部也會被長毛所覆蓋。

Stinger（圖右）很喜歡年上大姊姊SUMIRE（圖左），據說牠在聞到SUMIRE便便的味道時，甚至會露出恍惚的神情。順道一提，SUMIRE的糞便是甜甜圈狀。

充滿個性的部分
不只外觀

NAMIHEI
&
GARUBESU

南方鶴鴕

鳥綱鶴鴕目鶴鴕科

NAMIHEI ▸ 25歲／♂
GARUBESU ▸ 推測29歲／♀

這種鳥棲息在印尼與澳洲的熱帶雨林。在東武動物公園裡住著膽小的NAMIHEI（右圖），與喜歡清新帥哥的GARUBESU（圖左），2隻個性十足的鳥過著同居生活。

頭頂有骨質突起，脖子上有紅色肉垂，獨特的身形與鮮豔的藍色身體超吸睛。

存在感超群！
多才多藝的海洋生物

METEO
&
Carol

南美毛皮海獅

哺乳綱食肉目海獅科

METEO▸7歲／♂
Carol▸12歲／♀

METEO是雄性，因此體型比Carol（圖左）更大，體重超過80kg，且現在也仍在增加中。

METEO最開始不怎麼聽話，但現在已經能與飼育員以眼神交流，完成各式各樣的表演。牠最擅長的表演是跳躍與套圈圈，與Carol採輪流演出。

河馬MAI是隻貪吃鬼，只要飼育員稍微靠近，牠就會張開大嘴討食。雖然平時總是待在水裡，但平日舉行「親近河馬」活動時牠便會上岸，遊客能清楚看到整匹河馬。

張大著嘴要求
「多投一些」

MAI

河馬

哺乳綱偶蹄目河馬科

37歲／♀

由於年事已高，MAI冬天的皮膚總是很乾燥，飼育員從數年前就開始替牠定期噴灑橄欖油。

埼玉縣兒童
動物自然公園

埼玉縣東松山市

Pi的長相充滿雄性風采，臉和鼻子都很大，脖子也粗狀，再加上有些上吊的眼尾，五官顯得很有男子氣概。
小時候由於肚子凸出，身軀看起來偏短，但隨著成長，牠的軀幹也逐漸變長。

每年都有寶寶誕生！
育兒畫面超暖心

KOHARU & FUKU & Pi

無尾熊

哺乳綱雙門齒目無尾熊科

KOHARU & FUKU▶1歲／♀　Pi▶1歲／♂

在日本也廣為人知的無尾熊，在其原產地澳洲其實是瀕危物種，就連動物園飼養的數量也漸漸在減少，是非常稀有的動物。不過埼玉縣兒童動物自然公園由於飼育技術與環境完善，繁殖相當順利，每年都有小寶寶誕生。

夜行性的無尾熊雖然白天幾乎都在睡覺，但當飼育員前來更換新的尤加利葉時，就能看見牠們從旁邊的樹枝跳過來，或飛速攀爬等活躍的模樣。

展示間是雌性無尾熊們一起生活的空間，如果生了寶寶，還能看到親子同時出沒。其中特別值得關注的是二〇一九年出生的KOHARU和FUKU這2隻無尾熊寶寶。FUKU在離乳前母親不幸離世，但也因此有機會能觀察到無尾熊之間的互助行為，當時也在育兒中的雌性不但給FUKU餵奶，還會揹著牠。

公無尾熊Pi直到最近都還在展示室，但目前已經移往單間。各位來這裡能欣賞到無尾熊們日益茁壯的身影。

A 公無尾熊Pi小時候是隻撒嬌鬼，人們想要拍照時，牠就會躲在媽媽身後，個性十分膽小。B 左邊是FUKU，右邊是姐姐Quinn。C 展示間棲木是以複雜的結構搭建，以便樹棲性的無尾熊能按習性活動。D FUKU曾被飼育員餵過奶，很習慣人類。

母無尾熊KOHARU的毛色比其他個體深，鼻尖還有獨特又複雜的粉紅色紋理。

照片提供（P49B・D，P50，P51，P52洪保德環企鵝右下，P52豚鼠右，P53口之島牛，P53日本髭羚左）：埼玉縣兒童動物自然公園
拍攝（上述以外的P48-53）：木村悅子

智利巴鹿體型嬌小，體長僅80㎝左右，卻擁有英姿颯爽的結實體格。雄性長有鹿角。

A

C

B

A 智利巴鹿棲息在南美的智利，但牠們在這裡會隨日本的氣候換毛，夏天毛色呈深紅褐色，冬天則是混有灰色的褐色，而且鹿角也會定期脫落並長出新角。B 新生的鹿角最開始是被皮膚覆蓋（鹿茸），隨後破出鹿茸，露出堅硬的質地。C 智利巴鹿的身材矮小渾圓，特徵是如弓箭般彎曲的背部。

來自南美智利
是世界上最小的鹿

SAI

智利巴鹿

哺乳綱偶蹄目鹿科

6歲／♂

日本國內只有這裡能見到智利巴鹿——全世界最小的鹿。展場寬闊，分為整面玻璃的室內區、以自然斜面建造的室外區。

嬌小的智利巴鹿們成群結隊的模樣令人莞爾，其中最活潑的又屬6歲的SAI，當飼育員開啟通往室外的門時，牠便一股腦地飛奔而出，好像在說：「我等好久了！」此外，性別為雄性的SAI長有8㎝的小角，有點被頭上的毛擋住，各位可以仔細找找看。

短尾矮袋鼠有點下垂的圓臉與上揚的嘴角超級可愛，雖然外觀看起來像老鼠，但其實牠們是袋鼠和小袋鼠的親戚。
A

C

B

A B 短尾矮袋鼠是該園在2020年春天開園40周年時納入的新夥伴，園方過去在從澳洲接收無尾熊時，就已整頓好了適合澳洲動物生活的環境，因此很順利地就迎來了公、母各2隻短尾矮袋鼠。C 體長40～50㎝左右，身材渾圓。然而牠們身體雖小，前腳卻十分有力，能牢牢地抓住枝葉。

從澳洲來到日本 世界最幸福的動物

DAI&CYAME RIKO&BIBI

短尾矮袋鼠

哺乳綱雙門齒袋鼠科

DAI ▶ —／♂　CYAME ▶ 2歲／♂
RIKO ▶ 8歲／♀　BIBI ▶ 3歲／♀

短尾矮袋鼠是棲息在澳洲西部的羅特尼斯島等地的瀕危品種，牠們在島上沒有天敵，因此警戒心很低，再加上臉上好像總是掛著微笑，超萌的模樣又被人們暱稱為「世界最幸福的動物」。

該園飼養的這4隻是從澳洲的Featherdale野生動物園接收的個體，目前除了澳洲外，全球能看到短尾矮袋鼠的就只有這裡。二〇二〇年七月，牠們還誕下了小寶寶，成長狀況良好。

超精彩的午餐＆散步時間

PANPAN

洪保德環企鵝

鳥綱企鵝目企鵝科
9歲／♂

6隻兄弟姊妹中最無所畏懼的老么PANPAN性格坦蕩，就算在遊客面前也會打起瞌睡。

展場還原了企鵝的棲息地——智利的奇洛埃島，面積廣達4000㎡。其中唯一以人工育雛的PANPAN很熟悉人類，能以非常近的距離觀察牠。

1天3次的例行活動 豚鼠過橋

豚鼠

哺乳綱齧齒目豚鼠科

豚鼠過橋是此園從30多年前就開始舉辦的例行活動。在親近時間結束後，豚鼠們便整齊地列隊返回小屋。

過橋活動利用的是豚鼠「集體行動」、「不從高處跳下」的生活習性。

傳說中的美麗孩子

YUU

山羊

哺乳綱偶蹄目牛科

5歲／♀

在山羊群中五官特別精緻的YUU其實是隻大力士，當飼育員被牠磨蹭時，也曾不敵那股力量跌了一屁股。

日本原生種野牛

FOI

口之島牛

哺乳綱偶蹄目牛科

16歲／♀

棲息在鹿兒島縣吐噶喇群島北端口之島上的稀有品種。體型偏小，標誌性花紋是腹部上的白斑。

日本髭羚不是鹿而是牛的親戚，因此體型矮胖。無論公母都有10～15㎝的短小尖角。

在森林邊散步邊參觀

山瞿麥 etc.

日本髭羚

哺乳綱偶蹄目牛科

山瞿麥▸13歲／♀

此物種棲息在日本阿爾卑斯等山岳地帶，是日本國家特別天然紀念物。在此園利用丘陵地形建造的展場中，遊客們能欣賞到融入大自然中的日本髭羚們。

Category

03

MINAMI KANTO

南關東

03 橫濱市立金澤動物園

P064

園內將棲息地以4座大陸進行劃分，主要飼育並展示全球稀有的草食動物，譬如該園象徵標誌上的大角羊以及印度象等。地點位於金澤自然公園內，能將東京灣盡收眼底。

地址•神奈川縣橫濱市金澤區釜利谷東5-15-1　**電話**•045-783-9100　**開園**•9:30～16:30（入園受理至閉園前30分鐘）　**公休**•週一（逢節日延至隔日且5、10月除外）　**費用**•兒童免費～300日圓、大人300～500日圓不等　**車站**•自京濱本線的金澤文庫站，乘京急巴士，至夏山坂上巴士站下車後步行6分鐘　**官網**•http://www.hama-midorinokyokai.or.jp/zoo/kanazawa

04 多摩動物公園

P068

1958年開業，是日本數一數二大的動物園。園內還設有昆蟲園，共飼養300種以上的生物。其中必看設施是「Sky Walk」，能見到婆羅洲猩猩從設置在高達15m處的繩索上通過。

地址•東京都日野市程久保7-1-1　**電話**•042-591-1611　**開園**•9:30～17:00（入園受理至閉園前1小時）　**公休**•週三（逢節日補假延至隔日）　**費用**•兒童免費～200日圓、大人600日圓不等　**車站**•自京王動物園線或多摩單軌電車的多摩動物公園站步行1分鐘　**官網**•https://www.tokyo-zoo.net/zoo/tama

05 羽村市動物公園

P072

1978年開幕，是日本首座町營動物公園。以童話為主題的「童話島」等展示方式十分獨特，在門口迎賓的小熊貓與生活在「莽原園」裡的網紋長頸鹿，是其中最受歡迎的動物。

地址•東京都羽村市羽4122　**電話**•042-579-4041　**開園**3～10月／9:00～16:30、11～2月／～16:00（入園受理至閉園前30分鐘）　**公休**•週一（逢節假日開園）　**費用**•兒童免費～100日圓、大人400日圓不等　**車站**•自JR青梅線的羽村站，乘立川巴士，至羽村團地巴士站下車後步行1分鐘　**官網**•http://www.t-net.ne.jp/～hamura-z

06 江戶川區自然動物園

P076

位於江戶川區行船公園內的區立動物園。園內不僅有展示兔子與山羊等許多為人熟知的動物，還能見到澳洲姊妹市中央海岸市贈與的紅頸袋鼠家族。

地址•東京都江戶川區北葛西3-2-1行船公園內　**電話**•03-3680-0777　**開園**•10:00～16:30、週末節假日／9:30～、11～2月／～16:00（入園受理至閉園前30分鐘）　**公休**•週一（逢節假日延至隔日）　**費用**•免費　**車站**•自東京Metro地鐵東西線的西葛西站，乘都營巴士，至宇喜田巴士站或北葛西2丁目巴士站下車即達　**官網**•https://www.edogawa-kankyozaidan.jp/zoo

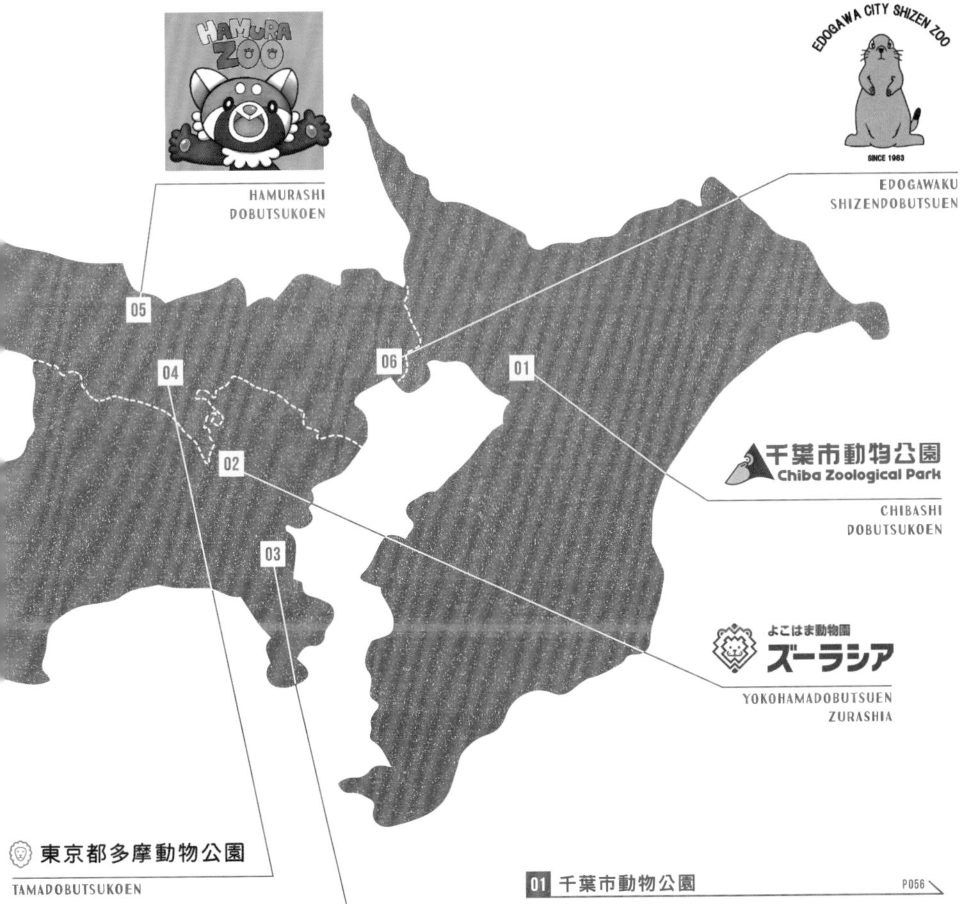
HAMURA ZOO
HAMURASHI DOBUTSUKOEN
EDOGAWA CITY SHIZEN ZOO
SINCE 1983
EDOGAWAKU SHIZENDOBUTSUEN
05
06
04
01
02
03
千葉市動物公園
Chiba Zoological Park
CHIBASHI DOBUTSUKOEN
よこはま動物園
ズーラシア
YOKOHAMADOBUTSUEN ZURASHIA
東京都多摩動物公園
TAMADOBUTSUKOEN
YOKOHAMA
KANAZAWA·PARK
YOKOHAMASHIRITSU KANAZAWADOBUTSUEN

ZOO DATA

01 千葉市動物公園

P056

園區圍著中央噴水廣場分成7區，共飼育約124種770隻動物。是東日本唯一在單個園區內同時飼育並展示3種大型類人猿的動物園，園內的「Monkey Zone」裡住著大猩猩、紅毛猩猩與黑猩猩。

地址•千葉縣千葉市若葉區源町280　**電話**•043-252-1111　**開園**•9:30～16:30（入園受理至閉園前30分鐘）　**公休**•週三（逢節假日延至隔日）　**費用**•兒童免費、大人700日圓不等　**車站**•自千葉都市單軌電車的動物公園站下車後步行1分鐘　**官網**•https://www.city.chiba.jp/zoo

02 橫濱動物園ZOORASIA

P060

擁有日本國內最大腹地的動物園，內部分成8個氣候帶，能參觀來自世界各地的動物們。其中更不乏許多稀有物種，例如「非洲熱帶雨林區」的獾㹢狓，與「中亞高地區」的長鼻猴等。

地址•神奈川縣橫濱市旭區上白根町1175-1　**電話**•045-959-1000　**開園**•9:30～16:30（入園受理至閉園前30分鐘）　**公休**•週二（逢節日延至隔日）　**費用**•兒童免費～300日圓、大人300～800日圓不等　**車站**•自相鐵本線的鶴峰站或三境站；JR橫濱線或橫濱市營地下鐵的中山站，乘相鐵巴士，至橫濱動物園巴士站下車即達　**官網**•http://www.hama-midorinokyokai.or.jp/zoo/zoorasia

也許有人會認為：「大猩猩哪間動物園都有吧？」但其實在日本僅6間動物園有，且共計200隻而已。

在千葉市動物公園中，正生活著稀有的其中2隻，一隻是高齡43歲但仍很有活力的母猩猩ROLA，另一隻則是36歲的公猩猩MONTA。

然而這對公母猩猩並不是夫妻，比起ROLA，MONTA反而對人類女性更有興趣，而且牠好像特別喜歡年輕高䠷的女性，有時甚至會發出追求異性的「求偶叫聲」。

散發老成氣息
成年大猩猩組合

ROLA & MONTA

西部大猩猩

哺乳綱靈長目人科

ROLA▸43歲／♀　MONTA▸36歲／♂

展場設計充滿巧思，地面配置了草皮與植栽，同時賦予高地差，讓遊客的視線從上到下都能一覽無遺。

在天氣好的日正當中，於草地上躺著午睡。這隻是母猩猩ROLA，但姿勢有點像個大叔。

A 這是牠們象徵成熟的「銀背」。B 手指靈活的ROLA喜歡用手挖洞摳出幼蟲後，抓著到處走。C MONTA玩世不恭的率性臉龐擄獲許多粉絲。D ROLA雖然很親人，但也有頑固的一面。聽說牠曾拒絕回到寢室，還在寒冷的冬天在外面待上整晚，讓飼育員擔心不已。

率性的MONTA在夏天時會拿著青草進入水池後，邊泡著半身浴邊用餐等，性格自由奔放。ROLA有時則會表演吹口哨的特技。

大猩猩與飼育員們相處的時間很長，因此有說不完的軼聞趣事。像是MONTA小時候感冒發燒時，飼育員曾片刻不離的守在牠身邊；還有當曾經負責照顧的飼育員離開後又歸來時，ROLA顯得非常開心等等。年輕的寶寶是很好，但沉穩的熟齡大猩猩也有一番風采。

ROLA & MONTA DATA

性格	MONTA自由自在、ROLA頑固
特技	ROLA會吹口哨
喜好	西洋芹、番茄、竹筍

照片提供（P56-59）：千葉市動物公園

C 

A 

D 

B 

民間故事的主角

D

KEIKO

藍鶴

鳥綱鶴形目鶴科

—／♀

長在翅膀根部的長羽毛（三級飛羽）猶如仙女的羽衣，是非常美麗又珍稀的鶴種。

長相帥氣

C

Assam

長尾毛絲鼠

哺乳綱齧齒目絨鼠科

1歲／♂

為老鼠親戚，特徵是圓滾滾的身體與大耳朵。Assam在同代中目光最銳利，長得也特別帥。

垂眼獵人

B

Ituba

斑鬣狗

哺乳綱食肉目鬣狗科

4歲／♀

下顎咬合力強且腳程極快的斑鬣狗很擅長狩獵。Ituba會咬著樹枝奔馳，把樹枝玩得粉碎。

園中老爺爺

A

風太

小熊貓

哺乳綱食肉目小熊貓科

17歲／♂

以站姿聞名的風太，如今已是繁衍出40多隻子孫的優秀成體，個性也變得穩重許多。

偏白的體色超亮眼！

H

HARAPAN

小爪水獺

哺乳綱食肉目鼬科
9歲／♂

HARAPAN很擅長游泳，各位能透過玻璃觀察牠流暢的泳姿，還有流線型的苗條身材。

興趣是觀察人類

G

FUTOSHI

婆羅洲猩猩

哺乳綱靈長目人科
32歲／♂

棲息在印尼的婆羅洲。臉上稱為「肉頰」的突出構造，是強大雄性的象徵。

體態豐腴

F

MATSUKO

美洲河狸

哺乳綱齧齒目河狸科
3歲／♀

能靈巧地把玉米或番薯轉著啃食，傍晚還能見到牠在水池中游泳的身影。

鳴叫時會鼓起聲囊

E

Heart

合趾猿

哺乳綱靈長目長臂猿科
31歲／♀

遊客多時，牠便會幹勁十足地表演起手臂盪鞦韆，還會鼓起聲囊大聲鳴叫來回應孩子們的聲音。

ZOORASIA最先開始飼育的世界三大珍稀動物

RURU & RARA etc.

㺢㹢狓

哺乳綱偶蹄目長頸鹿科

RURU ▸ 16歲／♀　RARA ▸ 6歲／♀

偌大的耳朵像斑馬又像長頸鹿，雄性長有小角，雌性則無。

濃密的皮毛色澤極佳，臀部的條紋也很精緻，而且每隻的花紋都不同。

說

到ZOORASIA，就一定要提㺢㹢狓。矮胖的體型與臀部條紋等特徵乍看像是斑馬，但牠們其實是長頸鹿的親戚。此外，㺢㹢狓還名列世界三大珍稀動物之一，ZOORASIA則是日本最先開始飼養這種稀有動物的設施。

人們認為㺢㹢狓臀部的條紋有利於牠們隱身於樹影之下，而為了讓遊客實際感受這個保護色的作用，園方特意在運動場上栽種大量樹木，努力營造出牠們原本棲息的森林環境。精心設計的展場，使得人們能從各種角度觀察㺢㹢狓。

A RARA的耳朵很大，眼神柔和。**B** 這張也是RARA。牠的吃法很獨特，建議可以聽飼育員的餵食解說。聽說園方還會以垂釣樹枝的方式投食，好讓牠們去吃高處的枝葉。**C** 在ZOORASIA出生的RURU性格友善又親人。**D** 也許牠們是以臀部的紋路分辨彼此。

目前園內共有3隻，分別是HODARI（19歲的雄性）、HODARI的小孩RARA，以及另一對伴侶所生的RURU。HODARI還有另一個孩子TOTO（13歲的雄性），生活在同樣位於橫濱市的金澤動物園。

RURU與RARA雖然都是雌性，性格卻截然不同。RURU比較親人，會去舔飼育員的臉，最近則是舔口罩；相反地，RARA就比較膽小怕生，看到陌生人還會拔腿就跑，因此參觀時請盡量保持安靜。

RURU & RARA DATA

性格｜RURU友善、RURU膽小
特技｜擬態成樹蔭
喜好｜枇杷葉、新芽

照片提供（P61C・D，P63A・B）：
橫濱動物園ZOORASIA
拍攝（上述以外的P60-63）：寺島由里佳

鼻子大到妨礙進食的程度，
有時能看到牠們自己把鼻子
抬起後，再把食物往嘴裡送。

長著像天狗的鼻子！

GENKI

長鼻猴

哺乳綱靈長目猴科
17歲／♂

只棲息在東南亞婆羅洲的猴種，日本則只有來這裡才能見到。特徵是巨大的鼻子，據說有共鳴器的功能，能讓長鼻猴發出響亮叫聲。最愛的食物是花生，總能看到牠們爭先恐後的搶食。

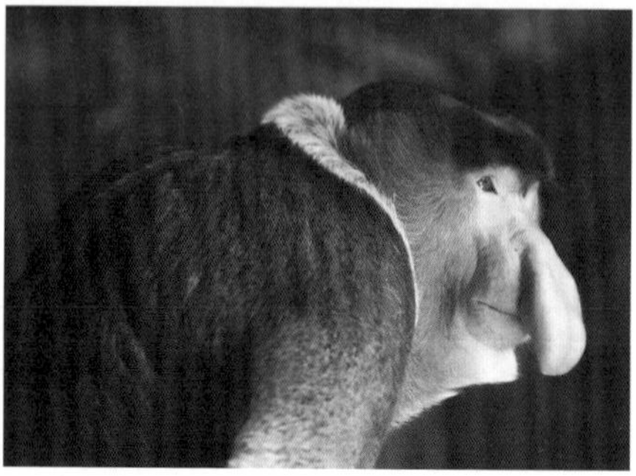

美麗的紅色皮毛

KOUSHIROU

日本赤狐

哺乳綱食肉目犬科
推測11歲／♂

分布於日本的本州、四國與九州等地，英文名為Red Fox。性格謹慎的KOUSHIROU經常待在小屋不出來，如果見到牠真的很幸運。

世界上最美的猴子

WANI & MANI

白臀葉猴

哺乳綱靈長目猴科
WANI▸13歲／♀
MANI▸3歲／♂

分布在東南亞的猴種，體毛色彩繽紛，號稱「世界上最美的猴子」。ZOORASIA是日本唯一有飼養白臀葉猴的設施，目前共有12隻在此園內生活。

比雄性還強勢的小姐

D

WAKAME

藏酋猴

哺乳綱靈長目猴科

26歲／♀

在日本是稀有品種。對牠們來說，對到眼就要吵架，氣勢凌人的WAKAME甚至曾把小孩嚇哭。

以高處為家

C

TANI

古氏樹袋鼠

哺乳綱雙門齒目袋鼠科

11歲／♀

日本國內只有這裡才能看到的稀有生物。一如其名就是很愛爬樹，特徵則是背上有2道白色條紋。

最喜歡賽跑

B

SHI

非洲野犬

哺乳綱食肉目犬科

7歲／♀

野生的非洲野犬在狩獵時會長距離移動，而SHI也會在園區內敏捷地四處奔跑，擅長蹬壁三角跳。

擁有彈嫩的豐唇

A

PINO

單峰駱駝

哺乳綱偶蹄目駱駝科

10歲／♀

人們一般都認為駱駝不怎麼喝水，但PINO卻會直接從水管大口地灌水。

橫濱市立
金澤動物園
神奈川縣橫濱市
印度象的力氣大得驚人，就連用金屬零件固定作為玩具的樹樁，牠都能拉起並破壞。
長如猛獁象的象牙現在也還在生長，每年成長約10㎝，左右還都曾斷過約1m。

猶如猛獁象！
擁有世界上最長象牙

BON

印度象

哺乳綱長鼻目象科

推測44歲／♂

印度象的體型一般小於非洲象，且象牙也較短，但印度象BON不僅有日本最大的壯碩體格，還有一對世界最長的象牙。

然而，與其粗獷的體魄相反，BON的性格沉著穩重，同居的母象YUUKO也很依賴牠。

據說發生東日本大地震當時，YUUKO似乎因不安而一直用鼻子抓著BON的尾巴，而BON則顯得泰然自若。

話說感情這麼好的兩頭大象應該能順利成為伴侶，但公關負責人卻說：「牠們有可能沒把青梅竹馬視為戀愛對象。」此外，負責人還接著表示：「似乎公象比較喜歡女性、母象比較喜歡男性飼育員，明明也沒辦法交往，很奇怪吧。」

每當白天進行訓練的時候，飼育員會在BON和YUUKO的協助下，確認牠們的腳底或背部是否有傷口。為了替牠們笨重又巨大的身體保持健康，這是不可或缺的日常工作。當展場在進行訓練時，還請不要干擾，安靜地觀看就好。

A 展區有24小時錄影，方便管理大象們身體狀況的同時，還能用於和大學的共同研究與環境改善上。**B** 象牙長的是BON，旁邊則是YUUKO。**C** 大象會把水和沙子灑在皮膚上來防曬。**D** 為減輕象腿負擔，園方在地面鋪滿了沙子與木粉，製造柔軟的緩衝。

園方偶爾會改餵青竹等，替大象的生活增添變化。BON正啪哩啪哩地吃得很開心呢。

BON DATA

性格｜處變不驚

特技｜大力秀

喜好｜青草、葉子、番薯

照片提供（P64，P65A-D，P67大角羊）：橫濱市立金澤動物園
拍攝（上述以外的P64-67）：木村悅子

白掌長臂猿能靈活地利用修長的手臂攀附在網子上移動，且牠們也很愛占據在籠子正面的高處觀察人類。
A

C

B

A YUUTAROU的性格活潑又隨性，很喜歡用快速移動來嚇唬遊客。B 吸手指的YUUTAROU好似人類寶寶。C 一臉呆萌地吸著左手的INTAN。牠的性格比較謹慎，與YUUTAROU形成了對比。有時牠們還會發出「激動鳴叫」來相互叫喚，聲音大到能響徹整個園區。

可利用吸吮的手指來分辨牠們

YUUTAROU & INTAN

白掌長臂猿

哺乳綱靈長目長臂猿科

YUUTAROU ▸ 26歲／♂
INTAN ▸ 34歲／♀

白掌長臂猿分布於泰國與馬來半島等地，牠們的體色多種多樣，但特徵是在修長手臂的前端會有好像穿著連指手套的毛茸白色手掌。

這一對白掌長臂猿有吸手指的習慣，且習慣吸的手還恰好相反，YUUTAROU是右手，INTAN則是左手，相當不可思議。而在體色方面彼此也有差異，YUUTAROU較深，INTAN的則較淺。此外，牠們的行為習慣與個性也大相逕庭，若仔細比較可能會有更多發現。

彎了整整一圈的
傲人大羊角

YUCYAN

大角羊

哺乳綱偶蹄目牛科

10歲／♂

壯觀的羊角。尤其是公羊的角特別大，1歲公羊的角則和成年母羊（左圖）差不多。

在日本僅2處有飼養大角羊。此園除了繁殖期外，公羊與母羊是採分開生活。最年長的公羊（右圖）已是5隻小羊的爸爸。

膽小的OHAGI經常四處逃竄，但跟其他山羊打架時還是會用頭頂撞，展現不服輸的一面。就連飼育員也都忍不住驚嘆道：「喔喔，很行嘛！」

擁有一對大幅向外彎曲的羊角，體型比其他個體小，脖子上掛著紅色的名牌。

在「溫馨廣場」
悠閒度日

OHAGI

山羊

哺乳綱偶蹄目牛科

5歲／♀

多摩動物公園

東京都日野市

紅毛猩猩寶寶的毛髮特別蓬鬆柔順，但隨著成長會逐漸變硬。
ROKI已經2歲，牠的身材有紅毛猩猩寶寶的特徵，隆起的小肚腩非常可愛。

抱緊母親的腹部 橫越高達15m的鋼索

ROKI

婆羅洲猩猩

哺乳綱靈長目人科

2歲／♂

婆羅洲猩猩是類人猿中僅次於大猩猩的大型品種，且牠們也是僅棲息在東南亞婆羅洲島的稀有原生種。基本上是單獨行動，這在日行性靈長類中十分罕見，各位能在此園一窺牠們安穩又寧靜的生活樣貌。

野生的婆羅洲猩猩是棲息在樹上，於是園方設置了高塔與高台。遊客們可觀賞到婆羅洲猩猩利用長臂，輕鬆盪過設置於展場各處的繩索或消防水帶，場面精彩絕倫。

紅毛猩猩的生產間隔長達6~9年之久，ROKI就是一隻於二〇一八年久違誕生的寶寶。聽說牠出生時的狀態和母親的母乳分泌狀況都不是很好，因此當時飼育員有以輔助哺乳的方式協助哺育。

雖然在開園期間都能見到ROKI，但最精彩的活動是「紅毛猩猩Sky Walk」，紅毛猩猩們會從展場利用繩索移動到「紅毛猩猩之森」，而這時各位便能觀察到ROKI緊抱著母親的腹部通過的可愛模樣。

A ROKI的媽媽KIKI。B Sky Walk的繩索長約150m，且離地約15m。除了猩猩們優異的體能和靈巧的手臂很吸引人外，被紅毛猩猩們俯視也是少有的體驗。C 在雙腳抓著汽油桶的狀態下盪鋼索。D 在高台的最上層悠哉地休息。

※Sky Walk僅冬季暫停實施

牠們能靈巧利用由繩索結成的繩子網，或是垂落的消防水帶盪來盪去。目前園區共飼育展示著9隻猩猩。

ROKI DATA

- 性格｜活潑的撒嬌鬼
- 特技｜和年長的孩子玩
- 喜好｜香蕉、草莓、奇異果

照片提供（P68，P69A・B，P70A，P71A）：多摩動物公園
拍攝（上述以外的P69-71）：木村悅子

溫柔的DEKKI很會照顧小黑猩猩，經常會陪牠們玩。此外，牠也很熱衷於觀察人類。

A DEKKI擁有端正的五官。**B** 在寬闊的運動場中，園方利用高低差設置了遊樂設施與高塔，並在此進行群體展示，遊客能觀賞到牠們最接近自然界的樣貌。**C** 群體中也有帶孩子的黑猩猩，有時能看到原本緊抓著母親不放的寶寶們挑戰獨自走路等令人欣慰的場面。

穩重又隨和
充滿成年雄性風範

DEKKI

黑猩猩

哺乳綱靈長目人科

推測42歲／♂

此園中的黑猩猩是以群體進行展示，日本很少有設施能像這樣觀察到牠們的集體行動。而為了讓黑猩猩活用牠們的高智商，園方設置了結構複雜的餵食器。飲食方面也很講究，為減醣並增加植物性蛋白，主要是餵蔬菜為主。

如果有看到一隻體型偏大、下顎混有白毛，還經常跟孩子們玩在一起的個體，那很可能就是DEKKI。牠在群體內發生衝突時會幫助弱者，對人類也很友善，是隻成熟穩重的黑猩猩。

體型如牛，犄角大而壯觀，雄性還擁有一身金白色的美麗皮毛。

A 行動遲緩，能安穩地觀察。無論是雄性或雌性都有一對巨大犄角，如弓箭般翹曲的形狀美得令人嘆為觀止。B 生活在岩石地帶的牠們擁有小巧且容易活動的蹄。C 包含多摩動物公園在內，日本僅3間設施能看到這種稀有動物。中國更將其列為瀕危物種並嚴加保護。

神祕又神聖
中國三大神獸之一

秦嶺羚牛

哺乳綱偶蹄目牛科

棲息在中國、藏區與不丹，屬於羚牛的亞種。居住地位於海拔2000～4000m的山岳地帶，夏天待在高地，冬天則會移往低地生活。

華美的金白色皮毛表面濕潤，而該質地源於羚牛身體分泌的油性物質，據說是能防止霧氣弄濕牠們的身體。現場有時還能觀察到牠們舔舐從岩石間低落的水滴，場面如夢似幻。

羽村市
動物公園

東京都羽村市

每一頭的紋路都各不相同，媽媽長頸鹿小町的脖子左側有個心型圖案。

長頸鹿不僅脖子長，舌頭也很長。在吃樹葉時，牠們會伸長舌頭捲食。

悠然自得的長頸鹿家族

小町 & TATSUKI & GENKI

網紋長頸鹿

哺乳綱偶蹄目長頸鹿科

小町▶16歲／♀ TATSUKI▶8歲／♂
GENKI▶3歲／♂

羽村市動物公園內，生活著GENKI、媽媽小町與爸爸TATSUKI這3隻長頸鹿。慢性子的TATSUKI和溫柔的小町在飼育員靠近時，會用大大的眼睛盯著人瞧，而GENKI的個性則如牠日文名字的含意，總是精力充沛。

展場模仿了棲息地非洲草原的環境，場內除了長頸鹿外還混養著鵜鶘等多種動物，GENKI會與其中年紀相仿的斑馬一起奔跑嬉戲。

除了天氣冷或下雨天時會提早回到寢室外，其餘只要在開園時段內，各位隨時都能觀賞到長頸鹿家族。

園方在假日12點的時候會開始販售飼料，讓遊客體驗直接餵食。1頭長頸鹿1天需要吃掉10公斤的甘草和1公斤的水果，另外還會吃樹葉與滋養丸（固體飼料）。

平日每天1次、假日每天2次的餵食行程也是很受歡迎的活動，遊客能跟隨飼育員一同巡遊園區，邊聽解說邊餵食長頸鹿等各種動物。

A B 拿著前端帶有樹葉的棒子餵食時，長頸鹿便會把臉湊過來，距離近到甚至會嚇到遊客。C 吃樹枝的小町。有時也能在斑馬專用的低矮水池邊，看到牠努力低頭想要喝水的模樣。D GENKI在撒嬌時，會用臉和身體與TATSUKI相互摩擦或依偎。

長頸鹿們各個都是使用長舌頭的能手，有時還能看到牠們用舌頭挖鼻子。

小町&TATSUKI&GENKI DATA

性格 | TATSUKI慢性子、小町很溫柔

特技 | 熟練地操縱舌頭

喜好 | 蘋果、樹葉

照片提供（P74豚鼠，P75B）：
羽村市動物公園
拍攝（上述以外的P72-75）：寺島由里佳

PAN的身體很白，右耳與左臀帶有淡茶色。在2019年度的豚鼠大選中，牠從約250隻豚鼠中脫穎而出，榮獲第1名。

在大選中獲得第一名

PAN

豚鼠

哺乳綱齧齒目豚鼠科
3歲／♀

肚子餓時，豚鼠們會集體開始鳴叫。千萬別錯過下午3點豚鼠們齊聚一堂的吃飯時間。

日本僅4處有飼養

Potato

歐亞猞猁

哺乳綱食肉目貓科
6歲／♀

猞猁的特徵是臉頰上白又長的毛髮，以及長在耳尖的黑色簇毛。飼養的數量極少，是十分珍稀的物種，此園目前生活著2隻。

一家其樂融融地生活

Cya

白掌長臂猿

哺乳綱靈長目長臂猿科
23歲／♂

Cya與配偶SATSUKI，還有與其生下的孩子OKAYU，全家相親相愛地生活著。牠很擅長用又白又長的手臂在樹枝間盪掛移動。

跟狗狗一樣可愛

D

YOUKO

條紋鬣狗

哺乳綱食肉目鬣狗科
推測13歲／♀

唯一分布在亞洲圈內的鬣狗品種。日本僅2處有在飼養，特徵是布滿全身的條紋。

具有獨特的抱團習性

C

JYOU

環尾狐猴

哺乳綱靈長目狐猴科
推測17歲／♂

特色是黑白相間的條紋尾巴。冬天天冷時，大夥會聚在一起抱團取暖。

愛吃的食物是番薯

B

麥子

美洲河狸

哺乳綱齧齒目河狸科
4歲／♂

原產於北美。擁有草食動物特有的堅固牙齒，能啃咬樹木。麥子與其他夥伴相比有些發福。

飼育員也淪陷

A

SORA

喜馬拉雅小熊貓

哺乳綱食肉目小熊貓科
6歲／♀

看這不禁令人露出寵溺笑容的可愛睡臉，前端折下的左耳是其魅力所在。

右耳上帶有粉色大頭針的就是YUKARI，牠的口鼻部纖長，有一張美人臉。
擁有3個孩子的YUKARI充滿母性，就算聽到不是自己孩子發出的叫聲，牠也會飛奔過去。

活蹦亂跳的
2代小袋鼠家族

YUKARI & 柚子

紅頸袋鼠

哺乳綱雙門齒目袋鼠科

YUKARI▶4歲／♀　柚子▶1歲／♀

紅頸袋鼠是棲息在澳洲的小型袋鼠。江戶川區自然動物園內和睦地生活著小袋鼠一家，有YUKARI和柚子母女，柚子的爸爸TAKI與姊姊YUUKI，以及二〇二〇年四月剛從袋中探出頭的妹妹OKAYU，另外還有柚子的孩子柚子醋等。

小袋鼠很擅長跳高，據說一跳能高達3m。其中柚子更是特別喜歡高處，時常往岩壁上跳。

聽說剛搬來園區時，YUKARI的戒心很強，對負責的飼育員也保持著距離。不過隨著飼育員每天親手餵食，並對牠說：「YUKARI早安，吃飯囉。」YUKARI才逐漸願意靠近。相反地，柚子就是大刺刺的個性，就算摸牠的背，牠也不太在意的樣子。

雖然在開園期間都能參觀，但最推薦在剛開園的時候前往，因為這時能觀賞到小袋鼠們一起用餐的可愛景象。

A 體型較大的是YUKARI，較小的是柚子。與YUKARI相比，柚子口鼻部偏短，臉龐稚嫩。鼻尖與四肢前端偏黑也是小袋鼠的特徵。
B C 小袋鼠是單獨行動的動物，但柚子卻好像在跟YUKARI撒嬌似地，總想一起行動，可以經常看到牠挨近對方或一起進食。

在柚子的育兒袋能看到柚子醋。聽說即使袋中裡有孩子，牠仍舊會毫無顧忌地跳躍。

YUKARI&柚子 DATA

性格｜YUKARI的警戒心強
特技｜跳躍
喜好｜枝葉、袋鼠滋養丸

照片提供（P76-79）：江戶川區自然動物園

C

A

D

B

充滿威嚴！

D

FUKU

日本白兔（秋田改良種）

哺乳綱兔形目兔科
5歲／♀

想摸牠純白皮毛的遊客絡繹不絕，而FUKU也很喜歡被遊客撫摸。

擁有超長舌頭

C

AICHI

大食蟻獸

哺乳綱披毛目食蟻獸科
8歲／♀

大食蟻獸一天最多可吃下5萬隻螞蟻，但AICHI吃的是替代用的滋養丸（固體飼料）。

帥氣的黑色身軀

B

KOMACHI

綿羊

哺乳綱偶蹄目牛科
13歲／♀

最有魅力之處就是那身蓬軟的黑色羊毛。每年5月的剃毛活動後，就會變身成光溜溜的清爽模樣。

滿頭蓬鬆毛髮

A

KONI

絨頂檉柳猴

哺乳綱靈長目捲尾猴科
7歲／♀

在野生環境中瀕臨絕種的猴子的親戚，特色是頭頂上猶如日本新娘棉帽子的白色毛髮。

G

E

H

F

身子小卻志氣高

H

黃豆粉

侏儒山羊

哺乳綱偶蹄目牛科
2歲／♀

棲息於非洲西部、體型嬌小的山羊。其學名中的Pygmy意指住在非洲森林地帶的少數民族。

毛髮就像Q比公仔

G

CYAI

屋久島山羊

哺乳綱偶蹄目牛科
1歲／♀

棲息在屋久島的山羊。年幼的CYAI身材嬌小、充滿孩子氣。額上白毛是牠最吸引人的地方。

超長的美麗垂耳

F

肉桂

長耳山羊

哺乳綱偶蹄目牛科
9歲／♀

雖然目光會先落在長耳朵上，但也別忘了關注牠扭曲的小羊角。在東日本只有此園有在飼養。

圓鼓鼓的肚子超可愛

E

Milky

山羊

哺乳綱偶蹄目牛科
7歲／♀

Milky全身覆滿柔軟的白毛，沉穩性格的牠在親近區很受歡迎。

Category

04

CHUBU

中部

04 靜岡市立日本平動物園

P096

此園吸引人的地方在於能夠仔細地觀察動物的生態與特徵，有能近距離觀看小熊貓等動物的行為展示，還有能同時看到4種不同大型貓科猛獸的比較展示等。園內共飼養展示著約150種700隻動物。

地址•靜岡縣靜岡市駿河區池田1767-6　**電話**•054-262-3251　**開園**•9:00～16:30（入園受理至閉園前30分鐘）　**公休**•週一（逢節假日延至下個平日）　**費用**•兒童免費～150日圓、大人620日圓不等　**車站**•自JR東海道本線的東靜岡站，乘靜鐵JustLine巴士，至動物園入口巴士站下車後步行5分鐘　**官網**•https://www.nhdzoo.jp/

05 富山市Family Park

P100

特色是利用吳羽丘陵豐富的山林自然環境進行生態展示。園內以棲息在日本的動物為主，有指定為國家特別天然紀念物的日本岩雷鳥與日本髭羚，另外更飼育展示著約100種900隻動物。

地址•富山縣富山市古澤254　**電話**•076-434-1234　**開園**•3月中旬～11月／9:00～16:30、12～2月／10:00～15:30（入園受理至閉園前30分鐘）　**公休**•3月1～14日　**費用**•兒童免費、大人500日圓不等　**車站**•自JR各線的富山站；富山地方鐵道的電鐵富山站，乘富山地方鐵道巴士，至Family Park前巴士站下車後即達　**官網**•https://www.toyama-familypark.jp

06 須坂市動物園

P104

坐落於以櫻花、松樹聞名的臥龍公園內。有擅長踢打的紅大袋鼠，還有愛撒嬌的老虎等個性豐富的動物們雲集於此。園區內隨處可見飼育員們手工製作的看板與介紹欄，氣氛舒適而溫馨。

地址•長野縣須坂市臥龍2-4-8　**電話**•026-245-1770　**開園**•9:00～16:45（入園受理至閉園前45分鐘）　**公休**•週一（逢節日延至隔日）　**費用**•兒童免費～70日圓、大人200日圓不等　**車站**•自長野電鐵各線的須坂站，乘須坂市民巴士，至臥龍公園巴士站或臥龍公園入口巴士站下車後步行10分鐘　**官網**•https://www.city.suzaka.nagano.jp/suzaka_zoo

07 足羽山公園遊樂園

P108

此遊樂園位於足羽山頂附近自然環境豐富的公園內，在森林遊樂設施旁的動物飼育舍分成室內與室外，裡面飼養、展示著樹懶、普通狨等約60種230隻動物。

地址•福井縣福井市山奧町58-97　**電話**•0776-34-1680　**開園**•9:30～16:30（入園受理至閉園前30分鐘）　**公休**•週一（逢節日延至隔日）、12月29日～2月（部分除外）　**費用**•免費　**車站**•自福井鐵道軌道線的足羽山公園口站步行25分鐘　**官網**•https://www.city.fukui.lg.jp/dept/d380/zoo/index.html

富山市ファミリーパーク
TOYAMASHIFUAMIRIPAKU
SUZAKA ZOO
SUZAKASHIDOBUTSUEN
足羽山公園
遊園地
ASUWAYAMA MINI ZOO
ASUWAYAMAKOEN
YUENCHI
日本平動物園
NIHONDAIRA ZOO
SHIZUOKASHIRITSU
NIHONDAIRADOUBUTSUEN
掛川花鳥園
kakegawakachouen
KAKEGAWAKACHOEN
のんほいパーク
NON HOI PARK
NONHOIPAKU
TOYOHASHISOGO
DOSHOKUBUTSUKOEN
東山動植物園
Higashiyama
ZOO & BOTANICAL GARDENS
HIGASHIYAMA
DOSHOKUBUTSUEN
05
06
07
01
02
03
04

ZOO DATA

02 Nonhoi公園　豐橋綜合動植物公園

P086

集動物園、植物園、遊樂園、自然史博物館於一身的公立設施。在西門側的動物園區內，生活著約130種800隻動物，其中有許多亞洲和非洲的物種，例如亞洲象、赤猴、藪貓等。

地址•愛知縣豐橋市大岩町字大穴1-238　**電話**•0532-41-2185　**開園**•9:00～16:30（入園受理至閉園前30分鐘）　**公休**•週一（逢假日、補休延至下個平日）　**費用**•兒童免費～100日圓、大人600日圓不等　**車站**•自JR東海道本線的二川站步行6分鐘　**官網**•http://www.nonhoi.jp/

01 東山動植物園

P082

於1937年開幕的此園共飼養了約500種動物，種數居日本之冠。園內有許多群體展示，像是無尾熊與黑猩猩等，展場極富魅力。此外還有超受歡迎的帥哥大猩猩沙班尼，請一定要來一睹牠的風采！

地址•愛知縣名古屋市千種區東山元町3-70　**電話**•052-782-2111　**開園**•9:00～16:50（入園受理至閉園前20分鐘）　**公休**•週一（逢假日、補休延至下個平日）　**費用**•兒童免費、大人500日圓不等　**車站**•自名古屋市營地下鐵東山線的東山公園站步行3分鐘　**官網**•http://www.higashiyama.city.nagoya.jp

03 掛川花鳥園

P092

此園最大的特色是能在大溫室中欣賞美麗花朵的同時，觀賞放養其中的鳥類。且這裡不僅能看到貓頭鷹等稀有鳥類，於室外會場舉行的蛇鷲捕蛇表演也總是高朋滿座。

地址•靜岡縣掛川市南西鄉1517　**電話**•0537-62-6363　**開園**•9:00～16:30、週末假日／～17:00（入園受理至閉園前30分鐘）　**公休**•無休　**費用**•兒童免費～1300日圓、大人1300日圓不等　**車站**•自JR東海道新幹線或東海道本線的掛川站，乘掛川巴士，至掛川花鳥園前巴士站下車即達　**官網**•https://k-hana-tori.com

Nonhoi公園　豐橋綜合動植物公園　拍攝：北島宏亮
富山市Family Park　拍攝：柴 佳安

東山動植物園
愛知縣名古屋市
萌點是與狂野外表形成反差的謹慎性格。而且牠還有細膩的一面，容易因壓力拉肚子。
沙班尼是隻五官深邃的大帥哥，精緻的外表讓慕名前來的粉絲絡繹不絕。

眾多粉絲慕名而來
眼神深情款款的帥哥

沙班尼

西部大猩猩

哺乳綱靈長目人科

24歲／♂

從大象到青鱂魚，東山動植物園有著許多生物。其中最受歡迎的莫過於以「帥哥大猩猩」聞名的沙班尼，甚至還出版過寫真集，人氣堪比明星。不僅面龐俊秀，精悍的臉上還有雙美麗眼眸，含情脈脈的視線令人神魂顛倒。

沙班尼與成年雌性NENE、AI各生了1隻寶寶（分別為KIYOMASA與ANI），目前不僅是率領4隻猩猩的首領，也是很會照顧孩子的偉大父親。

該園由於大猩猩與黑猩猩舍搬家的緣故，粉絲有好一陣子都見不到沙班尼，但新的大猩猩與黑猩猩舍已於二〇一八年十月落成。

運動場中有日本最高的大猩猩塔，高度達8m，沙班尼一家還能在近似野生的環境中，自由自在地過生活。

遊客不僅能觀察到西部大猩猩在樹上生活的生態，還能目睹群體展示才能見到的場面，例如沙班尼作為父親的行為舉止，以及牠與另外2隻伴侶間的關係等。

A 肌肉結實的體魄十分壯觀。在布滿繩索的室內，沙班尼有時會上演走鋼索。B 眼神冷峻的沙班尼，雨天也毫不在意地在運動場內四處奔跑。C 餐食以蔬菜為主，圖中的牠正在吃高麗菜。此外，沙班尼也很喜歡季節性蔬菜（夏天的小黃瓜、冬天的青蔥等）。

象徵成熟雄性的「銀背」，背部下半部的毛會變成銀白色。

沙班尼 DATA

性格｜與外表相反十分謹慎
特技｜很擅長在鋼索上走跳等
喜好｜季節性蔬菜

照片提供（下述以外的P82-85）：東山動植物園
拍攝（P83C）：渡邊智之

2隻寶寶的臀部都有兒童時期才有的「寶寶標誌」——白毛。圖片 C 能看得很清楚。

A

C

B

A 養育雙胞胎的媽媽KAZUMI看起來有些疲憊。B 揹著精力充沛的雙胞胎，疲勞也是雙倍。幸好成年雌性對孩子們都很寬容，會幫忙帶孩子。C KARAN下顎的白毛很長，KOE則是整臉偏黑，各位可透過這些微妙的差異來分辨長相相似的雙胞胎。性格方面，與活潑的KARAN相比，KOE較愛撒嬌。

在自然哺育下茁壯成長的黑猩猩雙胞胎

KARAN & KOE

黑猩猩

哺乳綱靈長目人科

3歲／♀

黑猩猩通常一次只生一胎，但東山動植物園在二〇一七年時，迎來了KARAN和KOE這對雙胞胎。在大猩猩與黑猩猩舍裡，遊客可以觀賞到熱鬧的群體展示，除了雙胞胎的祖父Charlie、爸爸RYU、媽媽KAZUMI及哥哥RIKI這一家外，總計共有8隻黑猩猩。

自然哺育雙胞胎黑猩猩的景象非常罕見，在日本也只有2例。2隻寶寶時而與母親撒嬌，時而糾纏在一塊玩耍的場面讓人好窩心。

馬來熊的舌頭長得驚人。樹上塗有蜂蜜時，牠便會開心地爬上去用長舌頭來回舔食。鄰近獸舍還有展示牠的爸爸MAA君與媽媽MAA子。

最喜歡舔食作為點心的蜂蜜

MAACHIN

馬來熊

哺乳綱食肉目熊科

8歲／♂

馬來熊是體型最小的熊，體重約27～65kg左右。牠們具有又尖又彎的鉤爪，很擅長爬樹。胸部上有弦月狀的花紋。

Indigo的成長之路無比順遂，與該園飼養的其他無尾熊相比，更是締造了比同齡重約3倍的紀錄！

2019年誕生的新面孔，緊貼母親後背的模樣超級可愛。牠的名字Indigo，在其棲息地澳洲的原住民Aborigine的部落語言裡，是「月亮」的意思。

橫綱級的存在感！
未來令人期待

Indigo

無尾熊

哺乳綱雙門齒目無尾熊科

0歲／♀

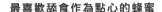

Nonhoi公園
豐橋綜合
動植物公園

愛知縣豐橋市

DAANA能按飼育員的指示行動，彼此在愉快互動的同時進行溝通。
雄壯的DAANA體重約有5噸，是日本最巨大的公象。牠1天的飼料量重達80kg。

與飼育員齊心協力 完成足底保養

DAANA

亞洲象

哺乳綱長鼻目象科

推測49歲／♂

亞洲象分布於亞洲13個國家，DAANA在亞洲象中體型偏大，氣勢磅礴。野生的大象幾乎大半天都在進食，因此飼育員並不是一次大量餵食，而是分次給予，以免DAANA感到無聊。遊客時常可以看到循規蹈矩的DAANA，靈巧地按順序一把把享用乾草的模樣。身體龐大的DAANA性格也很大方，對母象更是特別溫柔，就算對方撞過來，牠也不會暴走，只是穩穩地佇立著。

園方在下午2點左右會開始進行健康管理訓練，當飼育員說「左腳」，DAANA便會將左腳伸出欄杆外，而後飼育員便會努力地替牠清理。這時也是觀察大象腳底絕佳機會，畢竟平時真的很難看見。

DAANA對母象很溫柔，對人類卻有嚴厲的一面。據說以前飼育員在幫DAANA洗腳的時候，不小心擦得太用力，導致牠開始討厭被人碰。之後花了1年的時間重新建立信任，飼育員如今才能正常地摸到牠。

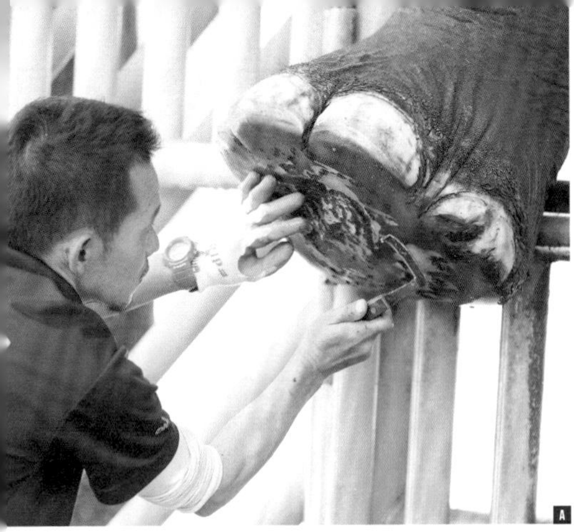

A 如果沒有好好保養，指甲會讓大象痛得站不起來。綠色是塗藥的地方。B 除了乾草外，牠也很愛吃蘋果、胡蘿蔔、吐司與竹子等。C 向遊客伸出象鼻的DAANA，面對來客牠總是興味盎然。D 就算豆子大小的物體，厲害的象鼻也能輕鬆抓住。

體態勻稱的DAANA擁有不僅大還很有力氣的象鼻，以及筆直修長的象腿。

DAANA DATA

性格｜溫柔且一絲不苟

特技｜用鼻子抓取小東西

喜好｜蘋果、胡蘿蔔等

照片提供（P89斑海豹右・左上，P90A，P91F）：
Nonhoi公園　豐橋綜合動植物公園
拍攝（上述以外的P86-91）：北島宏亮

紳士的臀部是美麗的水藍色

Patalliro

赤猴

哺乳綱靈長目猴科
14歲／♂

赤猴擁有醒目的犬齒和淡藍色臀部，體色則一如其名，背部呈紅褐色。

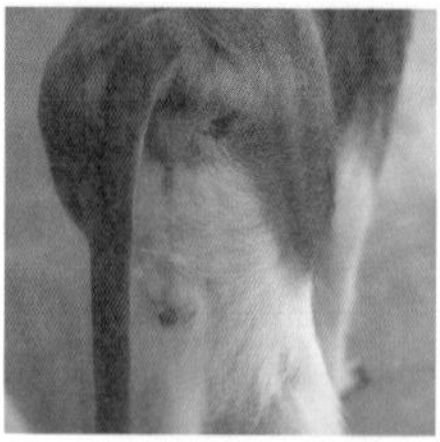

棲息地是非洲莽原。Patalliro的體格雖大而結實，性格卻很拘謹，譬如牠在用餐時，總是讓著同居的母猴們。

山羊首領在賽跑中也拿第一

KOMUGI

山羊

哺乳綱偶蹄目牛科
4歲／♀

山羊們向著小屋全速衝刺的「山羊賽跑」很有看頭，在比賽中KOMUGI經常一馬當先。此外牠也是羊群中唯一會表演「握手」特技的山羊。

KOMUGI在羊群中體型最大，但四肢很短。賽跑時牠常會露出門牙，模樣相當討喜。

好天氣時會出來漫步

—

四趾刺猬

哺乳綱食蟲目蝟科

—

後腳如其學名有4根腳趾。遇到危險時刺蝟會捲起身體，豎起背上的刺來抵禦敵人。

刺蝟平時都生活在夜行性動物館中，但在陽光和煦的日子，牠們會一起跑到廣場邊曬太陽邊散步（不定期），雪白的身體與青草綠意相映成輝。

水汪汪的眼睛嫵媚動人

最中餅

斑海豹

哺乳綱食肉目海豹科

7歲／♀

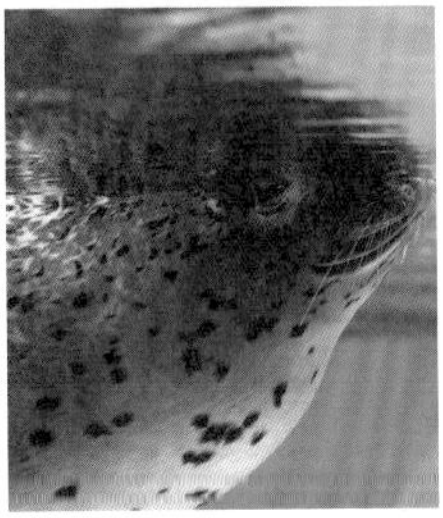

與雄性伴侶茶茶丸同居中。為了讓海豹習慣聲音與刺激，飼育員會播放廣播給牠們聽，還會每天更換不同的玩具，讓海豹們玩耍。

最中餅的眼白偏多，這在海豹中很罕見，頸部附近似乎還有隱藏的米奇圖案。

C A
D B

碎步前進！

D

—

豚鼠

哺乳綱齧齒目豚鼠科
—

「碎步橋」表演很受歡迎。過程中不時會發生中途插隊或因急煞引發塞車等意外狀況，展現豐富性格。

AYA的肩膀有倒心型

C

AYA

格蘭特斑馬

哺乳綱奇蹄目馬科
12歲／♀

在仿造莽原的戶外展區悠閒生活。分辨斑馬的訣竅，是觀察每隻個體相異的肩膀紋理。

生活在沙漠中的狗

B

Lyon

耳廓狐

哺乳綱食肉目犬科
5歲／♂

耳廓狐是狗的親戚。大大的耳朵不僅能用來聽聲音，還兼具調節體溫的散熱功能。

美美美！

A

SUTERU

藪貓

哺乳綱食肉目貓科
4歲／♀

藪貓是棲息在非洲莽原水邊的山貓的親戚，纖細修長的四肢與頸部好似一名模特。

G E
H F

具有象徵年輕的小角

H

Sophia

南方白犀牛

哺乳綱奇蹄目犀科
4歲／♀

與其他犀牛相比，年輕的Sophia犀牛角很短，體重也很輕。有時還會發出「咕嗚～」的叫聲撒嬌。

雖然有著豬鼻……

G

AYUMI

土豚

哺乳綱管齒目土豚科
9歲／♀

日本僅5間設施有在飼養。牠與豬完全沒有關係，是單一目、科、屬、種的珍貴物種。

今天也要泡澡

F

MINE

河馬

哺乳綱偶蹄目河馬科
30歲／♀

MINE住在水量約350噸的日本最大水池中，夏天時牠幾乎都待在水裡冷卻身體。

傳說中的那孩子

E

Leafa

喜馬拉雅小熊貓

哺乳綱食肉目小熊貓科
2歲／♀

Leafa是小熊貓界傳說中的美人，無論吃飯還是睡覺，精緻的臉蛋在任何時候都令人心動。

掛川花鳥園
静岡縣掛川市
頭頂有可愛的翹毛。名字「雙葉」取自牠頭上如雙葉分岔的羽毛。
鯨頭鸛以「不動鳥」的稱號聞名，但雙葉卻經常在展場內四處活動，時而振翅，時而又在搬運稻草。

向飼育員表達愛意的
獨特方式值得一看

雙葉

鯨頭鸛

鳥綱鸛形目鯨頭鸛科

推測4歲／♀

鯨頭鸛擁有與纖細腿爪不成比例的巨大頭部和鳥喙。野生鯨頭鸛分布於非洲大陸的草原地帶，在日本飼養的數量包含雙葉在內共只有13隻。

鯨頭鸛表達愛意的方式很特殊。當牠們想獲得飼育員關注時，便會鞠躬或是上下擊打鳥喙來發出聲響，而這個動作又叫擊喙。而且牠們還會依據不同對象改變態度，觀察鞠躬深度與聲音大小的差異非常有趣。

雙葉也有孩子氣的一面。聽說牠曾在吃飯時，看走路的蟲子看得太入迷而忘了咀嚼……直到呼喚牠名字，牠才回過神來繼續吃。飼育員表示，那模樣就好像吃飯看電視看到走神的小朋友。

鯨頭鸛是著名的「不動鳥」，牠們靜止不動是為了等待獵物（魚）浮出水面。不過在這設有稻草、砂坑與高台等設施的展場，各位可以看到牠到處嬉戲的俏皮身影。

A 被飼育員摸頭的雙葉。B 飼育員鞠躬時，雙葉也跟著鞠躬。不過牠會看人改變態度，如果不是負責牠的飼育員，雙葉就不會鞠躬或擊喙。C 身高約130㎝，俐落的外觀猶如一尊雕像。

大嚼魚肉中。雙葉有時吃到一半，會不小心沒咬好魚肉，還需要飼育員幫忙撿。

雙葉 DATA

性格｜愛撒嬌
特技｜鞠躬、擊喙
喜好｜鯉魚、虹鱒

照片提供（P92-95）：掛川花鳥園

根根分明的捲翹睫毛與雪亮的鳥喙魅力十足。牠們的腿也很長，身高有120㎝左右。

A Kick曾上過電視。即使是表演，牠也曾捕蛇捕到忘我的境界。然而牠也是有沒幹勁捕蛇的時候，這種日子每年大概有2次。**B** Kick的側臉，尖銳的鳥喙精緻得宛如陶器。**C** 只有1歲的Bell是個撒嬌鬼，很喜歡飼育員。個性認真、生活規律，日落前1小時一定會鑽進被窩。

飛踢大師精彩絕倫的著名捕蛇表演

Kick & Bell

蛇鷲

鳥綱鷹形目蛇鷲科

Kick▸—／♀　Bell▸1歲／♂

蛇鷲棲息在莽原，習性正如其名，會透過飛踢的方式捕食蛇類。除了雨天外，掛川花鳥園都會舉行捕蛇秀。遊客能在沒有圍欄的遮擋下，直接欣賞蛇鷲擊殺蛇類的瞬間，場面震撼人心。

Kick是表演的正式成員，身為飛踢專家的牠，不管足球、橄欖球還是墊子都能踢。而新成員Bell目前正在接受猛烈特訓，飼育員會用牠自己掉落的羽毛或樹枝代替蛇來訓練牠！

C A
D B

嘎—！嘎—！

D

Dear

條紋卡拉鷹

鳥綱隼形目隼科
1歲／♀

全身覆滿黑色羽毛的隼科親戚。叫聲很大，表演時甚至會蓋過工作人員的麥克風音量。

只有現在是鮑魚刷頭

C

URU

山巨隼

鳥綱隼形目隼科
2歲／♂

URU還是小孩，3歲左右會長出成鳥羽毛，蛻變成截然不同的樣子。能看到牠戳泡泡的表演。

不挖洞的那一派

B

HINO

穴鴞

鳥綱鴞形目鴟鴞科
1歲／—

穴鴞的習性是不自己挖洞，而是去住其他動物挖好的洞。此外，牠們還有雙能急速奔馳的傲人長腿。

鳥喙大得誇張……

A

SUMOMO

托哥巨嘴鳥

鳥綱鴷形目鵎鵼科
—／♀

鳥喙大到甚至會影響到正面的視野。特技是接住扔過來的水果。

不管吃飯、睡覺還是散步時的表情都很豐富，無時無刻都超討喜。
天真無邪的可愛臉龐搭配圓潤耳朵，再加上一身柔軟的皮毛，整隻就好像泰迪熊。

對飼育員很孝順
積極配合訓練的

HOUMAA

小熊貓

哺乳綱食肉目小熊貓科

8歲／♀

小熊貓HOUMAA個性親人，對遊客也很親切。雖然牠是隻很會照顧孩子的偉大母親，但偶爾還是有淘氣的一面……例如牠有時會把頭埋在正在睡覺的女兒REIKA的屁股下面，然後仰面朝天地睡覺。

除此之外，可愛的HOUMAA還很機靈，總是積極地參與園方為管理健康所舉行的「身體照護訓練」。

野生小熊貓棲息在中國西南部與印度東北部的高海拔森林或竹林中。由於牠們耐寒怕熱，園區會在夏天時打開展間冷氣並把門敞開，讓小熊貓們能自行選擇舒適的環境。

在「小熊貓用餐時間」，遊客能一邊聽飼育員解說小熊貓的生態與個性，一邊觀察牠們進食的模樣。當飼育員在後院工作時，還能看到小熊貓直起身體，並把前爪放在門把上轉動的身影。

A HOUMAA與雪人。野生小熊貓生長在有積雪的地區，因此園方在冬天時，會把雪當成禮物送給牠們。B C 小熊貓能用前爪抓著蘋果或竹子的莖幹進食。D 在身體照護訓練中，小熊貓會練習特定的動作與姿勢，以便配合飼育員進行超音波檢查和健康管理。

漫步中的HOUMAA，小嘴輕啟的表情好像在笑。如果遇到好奇的事物，牠便會站起身體。

HOUMAA DATA

性格｜非常聰明且親人
特技｜站立並轉動門把
喜好｜竹葉、蘋果

照片提供（P96-99）：靜岡市立日本平動物園

利用長舌頭進食和肢體接觸

HINA

大食蟻獸

哺乳綱披毛目食蟻獸科

9歲／♀

用來代替白蟻的泥狀特殊食物中，含有馬肉、狗糧、雞蛋和牛奶等成分，HINA非常愛吃。有時也能看到牠與住在隔壁的雄性FUJIO用長舌頭互舔的恩愛景象。

HINA的體型稍顯豐腴，蓬鬆的皮毛帶有由白色、焦茶與銀色組成的美麗漸層。

潛伏在熱帶雨林謎樣的南美猴子

KUMIN

黑叢尾猴

哺乳綱靈長目捲尾猴科

6歲／♂

野生的黑叢尾猴棲息在巴西和委內瑞拉等南美地區，由於缺乏棲息數量、繁育等資料，又被稱作「謎樣的猴子」。日本平動物園是日本首間成功繁殖黑叢尾猴的設施。

引人注目的外貌。頭部左右兩側有兩團隆起的冠毛，下顎蓬鬆的鬍鬚充滿長者氣質。

童心未泯的男子漢

Rossy

北極熊

哺乳綱食肉目熊科

13歲／♂

很有男子氣概的Rossy在進入獸舍時，會用前掌輕推母熊Vanilla的腰來護送對方。然而這樣的牠也有調皮的一面，例如牠會在寢室門的下方大號來妨礙飼育員作業。右圖是Vanilla和嬉鬧的Rossy。

充滿雄風的霸氣大黑鼻能嗅到遠方的味道。

如武將般氣宇軒昂

卯月小助

美洲豹

哺乳綱食肉目貓科

4歲／♂

「卯月」是牠出生月4月的日文別稱，「小助」則是在真田十勇士中的登場人物。而牠也正如這勇猛的暱稱，力氣大得驚人，能從水裡把重達20kg的塑膠桶咬出水面。

對到眼就令人難以招架的氣魄。左眼尾有顆星星，左耳後方還有心型斑紋。

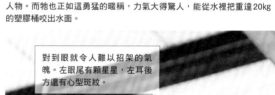

富山市
Family Park
富山縣富山市
眼睛上方有鮮紅色的肉冠。雄性的較大，上方還有鋸齒狀的凹凸。
岩雷鳥1年換羽3次，羽毛顏色能巧妙地融入各個時期的周圍環境，讓天敵難以察覺。

生存在零度以下的環境
日本國家特別天然紀念物

T-03

日本岩雷鳥

鳥綱雞形目雉科

3歲／♂

日本岩雷鳥是指定的特別天然紀念物。野生的岩雷鳥只棲息在日本阿爾卑斯山，而動物園就只有5間設施能看到。名字「T-03」中的T代表富山，03則是因為牠是富山第3隻在飼育環境下誕生的岩雷鳥。

岩雷鳥1年有3次換羽期。在這個時期牠們會頻繁地洗砂浴，各位能看到岩雷鳥在展場設置的沙坑中，將全身沾滿砂子來清除髒汙。羽毛多時甚至1天會掉百根以上。

A

野生岩雷鳥會威嚇、攻擊入侵者以守護地盤，然而T-03也有相同的行為。面對飼育員，牠也會用嘴啄、用腳踢或綻開尾羽等，以小小的身軀拚命地攻擊比自己大好幾倍的對象。飼育員們看到這樣的情景時，都忍不住莞爾。

除此之外，T-03也會在玻璃前朝外眺望，並時常保持在備戰狀態。一旦有遊客進來，牠就會一邊發出粗野的鳴叫，一邊左右來回移動以威嚇對方。

B

A 展場有仿造山岳的岩石地貌。運氣好的話，可以看到牠攀上岩石、瞭望四方的身影。B 冬天的高山積滿整片白雪，因此岩雷鳥會換上純白羽毛以擬態成雪。C 春夏之際為模擬岩石或裸露的山地，雄鳥會轉成黑褐色，雌鳥則是黃褐色。秋天的羽毛則會轉成較黯淡的顏色。

C

眼睛上方的紅色肉冠，會在感到興奮時或4～5月的繁殖期時變大，顯得更醒目。

T-03 DATA

性格｜有很強的地盤意識
特技｜發出粗野叫聲
喜好｜小松菜、兔子用滋養丸

照片提供（P101B・右下，P102對馬山貓右，P103木曾馬右）：富山市Family Park
拍攝（上述以外的P100-103）：柴 佳安

牠們是體型最大的斑馬，特徵是又細又多的紋路，但腹部並沒有條紋。

超大的耳朵與身體
能側耳傾聽的斑馬

Judy

細紋斑馬

哺乳綱奇蹄目馬科

17歲／♀

細紋斑馬擁有又大又圓的耳朵，晃頭時甚至會發出搧扇子般啪噠啪噠的聲響。牠們常常佯裝不知情的樣子，但其實耳朵都有在關注周遭的動靜。

象徵性的絕美尾巴

YAMATO

對馬山貓

哺乳綱食肉目貓科

14歲／♂

夏天時，YAMATO最喜歡待在通風良好的空中走道。對馬山貓是僅棲息在長崎縣對馬島上的山貓，耳後的白斑是家貓沒有的特徵，又稱虎耳狀斑塊（左下圖）。

尾巴和四肢都比普通的貓要更粗，額頭上有縱向條紋，耳朵後方則有白斑。

國家特別天然紀念物
日本原生種的髭羚

MATSUKO

日本髭羚

哺乳綱偶蹄目牛科

9歲／♀

MATSUKO經常用牠毛茸茸的頭磨蹭欄杆，藉此沾染氣味以彰顯自己的地盤。

髭羚居住在日本的山地和森林中。富山市Family Park從1984年開園時就一直有在飼養，並在繁殖上也取得了數次成功。

日本自古以來用於農耕的馬，是相當有歷史的品種。在富山市Family Park能體驗騎馬、餵食等與牠們互動的活動。

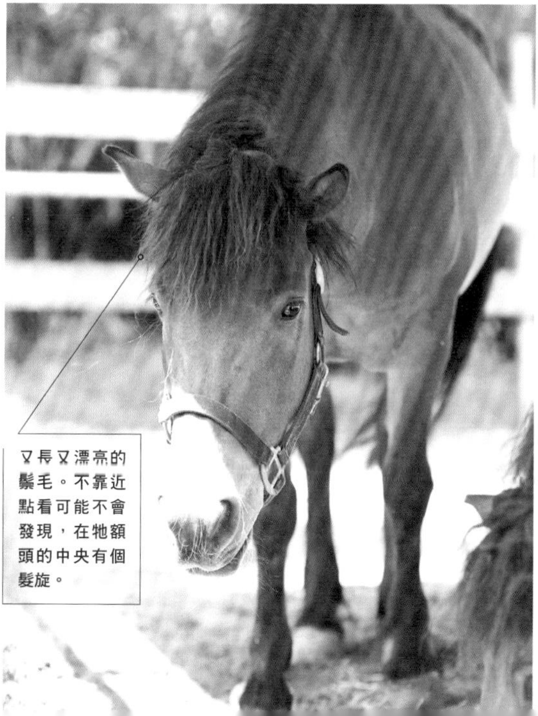
又長又漂亮的鬃毛。不靠近點看可能不會發現，在牠額頭的中央有個髮旋。

融入村落風景中的
日本原生種馬匹

春姬

木曾馬

哺乳綱奇蹄目馬科

14歲／♀

須坂市動物園
長野縣須坂市
聳立的大耳朵。當周遭傳來不尋常的聲響，袋鼠便會把臉轉向聲音來源。
袋鼠毛茸茸的長尾巴又稱為「第三隻腳」，在飛踢時牠們能用力以尾巴站立。

飛踢加拳擊！
盡情玩耍的場面氣勢恢弘

RYUU

紅大袋鼠

哺乳綱雙門齒目袋鼠科

1歲／♂

紅大袋鼠是有袋類中體型最大的。野生的紅大袋鼠群居在澳洲，而在須坂市動物園中，則生活著五口之家。RYUU是其中最活潑好動的，牠會和爸爸ICCHI互相打鬧，或是玩弄獸舍裡飼育員手工製作的沙袋等，總是精力充沛。而母親OTOHIME則會在一旁溫柔地守望。

雖然會嬉鬧，但袋鼠們不愛爭鬥，一家五口總是相親相愛地用一個容器吃飯。

依身體和氣候狀況，袋鼠們有時不會出現在運動場，但基本上開園的任何時候都能見到。建議各位可以在牠們用餐和做健康檢查訓練的上午10點或下午3點左右前往，這時能看到相對溫順的RYUU。此外，園方會讓牠學習觸碰細長的棒子，以便習慣梳毛或接受打針治療。

RYUU和飼育員關係融洽，但和獸醫還是無法親近。在與獸醫互動的時候，RYUU的身體動作會顯得有些膽怯，模樣惹人憐愛。

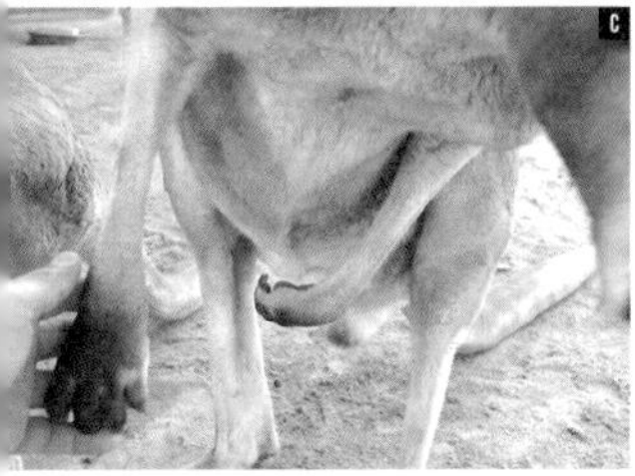

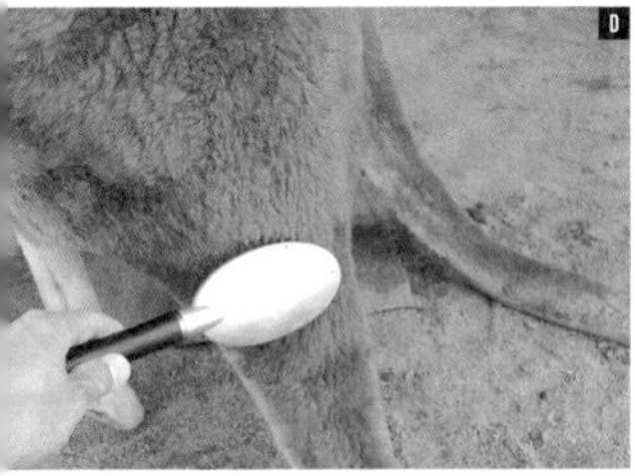

A 大耳朵轉向在意的聲音來源。B 對著飼育員製作的沙袋練習飛踢。沙袋裡面是袋鼠食用的乾草，氣味芬芳。C 手掌意外地小，但卻有著尖銳的爪子。D 梳毛的情景。據說在換毛期，牠們會顯得特別舒服。

飼育員打掃時，RYUU會跑過來抱著掃把玩。

RYUU DATA

性格｜頑皮又力大無窮
特技｜踢打沙袋
喜好｜番薯、蘋果

照片提供（P104-107）：須坂市動物園

擁有一身可愛奶油色皮毛的AIBON，是治癒人心的存在。牠不僅很愛撒嬌，還很怕寂寞。

最喜歡被摸屁股

AIBON

驢子

哺乳綱奇蹄目馬科

12歲／♂

驢子在日本飼育的數量其實非常少，僅約200匹。而且在自然資源豐富的長野縣，也只有這裡有在飼養。AIBON被飼育員撫摸時，會露出無比幸福的表情！（右圖）

克服悲傷的
ToCYAN

ToCYAN

洪保德環企鵝

鳥綱企鵝目企鵝科

33歲／♂

自從雌性伴侶KaCYAN去世後，ToCYAN就失去了活力，看著牠垂頭喪氣的模樣，於心不忍的飼育員便嘗試把企鵝模型擺進ToCYAN的巢穴。結果ToCYAN接受了模型，精神也逐漸恢復。

長年相伴的KaCYAN在2019年4月逝世後，ToCYAN不僅進食量減少，還經常躲在巢穴中不肯出來。

其實很愛撒嬌

D

臥櫻

老虎

哺乳綱食肉目貓科

15歲／♂

雖然老虎是典型的猛獸，但臥櫻其實很親人。即使是第一次負責照顧牠的飼育員，牠也會主動靠近。

早上才給看

C

Paprika

藍孔雀

鳥綱雞形目雉科

11歲／♂

如果想要看孔雀開屏，9點～10點是最佳時機。綻開後的寬度會大到堵住通道。

魅力十足的黃色眼眸

B

HAKU

雪鴞

鳥綱鴞形目鴟鴞科

8歲／♂

無論純白的身體，還是玻璃珠般的瞳仁都美得驚為天人。獸舍的最高點是HAKU的寶座。

世界最小的鴨子

A

King

柯爾鴨

鳥綱雁形目鴨科

2歲／♂

鴨子開始群體生活後，會漸漸變得不親人。但King卻不同，至今仍會跟在飼育員身後走動。

樹懶靠著鉤子般的爪子，能輕鬆地吊在樹上，或是抓取物體。
圓滾滾的眼珠配上猶如後梳油頭造型的帥氣毛流。每隻樹懶的毛流狀態都不盡相同。

足羽山公園遊樂園

福井縣福井市

想要看到牠動 就要把握餵食時間

ASAHI

二趾樹懶

哺乳綱披毛目二趾樹懶科

5歲／♂

樹懶分成前腳為2趾的二趾樹懶，以及四肢均有3趾的三趾樹懶，而ASAHI屬於前者。野生的樹懶棲息在南美與中美的熱帶雨林，ASAHI則是住在仿造該環境的展場中，幾乎整天都在茂密的枝葉裡睡覺。

最值得一看的是上午11點和下午2點的吃飯時間，ASAHI會打著哈欠、一臉愛睏地從枝葉間冒出來吃飼料。

不過，牠也有充滿好奇心的一面，例如在吃飯的時候，牠會盯著遊客的臉仔細觀察。

A 樹懶能利用鉤爪與手掌夾著食物進食。B 直接從飼育員手中拿取白菜的ASAHI。C 猶如鉤子般的爪子。除了能吊在樹上，還能用來抓撓身體，或是把物體勾住後拉過來。聽說如果飼育員企圖抱著動作遲緩的ASAHI移動時，牠便會生氣地用爪子勾住飼育員。D 藉著枝幹移動中。展場仿造南美的叢林環境，設置了許多熱帶的植物。

早上肚子餓的ASAHI有時會追著打掃展場的飼育員討要食物。有一次飼育員在打掃時，忽然聽到水池的方向傳來噗通一聲……明明是樹懶，可能情急之下還是會不小心摔下樹。

野生的樹懶為躲避天敵襲擊，就算睡覺時也是吊在樹上。不過ASAHI在園中不用擔心敵襲，會直接從樹上下來，然後一屁股坐在地上睡覺。果然成天掛在樹上還是會累的呢。

ASAHI DATA

性格｜悠閒自在又隨心所欲
特技｜僅用後肢吊掛
喜好｜水煮番薯

拍攝（P108-111）：渡邊智之

在瞭望台上等待遊客到來

KAITO

黑尾土撥鼠

哺乳綱齧齒目松鼠科
1歲／♂

牠們會發出狗吠般的鳴叫，因此又被稱為草原犬鼠。

KAITO最喜歡的地方，是遊客們也能看見牠的圓木瞭望台。在台子上用雙手拿飼料吃的可愛模樣非常受歡迎。

最愛拉美洲鬣蜥的尾巴玩

一伍

普通狨

哺乳綱靈長目捲尾猴科
5歲／♂

原產自巴西東北部的猴子。調皮的一伍經常拉托哥巨嘴鳥的翅膀騷擾對方（左上圖）。牠與SOCHI的感情很好，彼此會友好地互相理毛（左下圖）。

眼睛上方有好似眉毛的紋路，模樣十分討喜。此外，左右兩側的白色簇毛也很亮眼。

C

A

D

B

喜歡吃竹葉

D

RAIMU

水豚

哺乳綱齧齒目豚鼠科
4歲／♀

一起生活的3隻豚鼠中，RAIMU最具領袖氣質，總是最先上前去吃遊客餵的飼料。

遇到雨天心情就超嗨

C

MAKO

藍黃金剛鸚鵡

鳥綱鸚形目鸚鵡科
20歲／♀

MAKO在興致高昂時，會發出「哦──噫」的叫聲。如果更興奮的話，臉頰甚至會泛起粉紅色。

傲驕女子

B

GAAKO

鴨子

鳥綱雁形目鴨科
7歲／♀

有時飼育員覺得跟牠處得不錯、牠正認真地在散步時，牠又會突然翻臉開始啄人……

一對華麗的配偶

A

CHIHIRO & CHIAKI

維多利亞鳳冠鳩

鳥綱鴿形目鳩鴿科
CHIHIRO ▶ 5歲／♂
CHIAKI ▶ 4歲／♀

前端成簇的小巧羽毛優雅可人。體型大於其他鳩鴿科的品種，氣場十足。

Category

05

KANSAI

關西

05 Adventure World

P132

南紀白濱必去的觀光景點。主題公園內生活著約140種1400隻各式各樣的海陸生物。最受歡迎的是大貓熊一家六口，以及能在「Safari World」觀賞到的獵豹等。

地址•和歌山縣西牟婁郡白濱町堅田2399　**電話**•0570-06-4481　**開園**•10:00～17:00　**公休**•不定期　**費用**•兒童免費～3800日圓、大人3800～4800日圓不等　**車站**•自JR紀勢本線的白濱站，乘明光巴士，至Adventure World停留所下車後即達　**官網**•https://www.aws-s.com

06 姬路市立動物園

P136

位於姬路城腹地內，是人們熟知的「城中動物園」。最受歡迎的表演是作為公開訓練的栗翅鷹飛行秀，且來此園還能見到身體上有愛心圖案的知名網紋長頸鹿KOUSUKE。

地址•兵庫縣姬路市本町68姬路城東側　**電話**•079-284-3636　**開園**•9:00～17:00（入園受理至閉園前30分鐘）　**公休**•無休　**費用**•兒童免費～30日圓、大人210日圓不等　**車站**•自JR各線或山陽電鐵本線的姬路站步行15分鐘　**官網**•https://www.city.himeji.lg.jp/dobutuen

07 神戶市立王子動物園

P140

該園最吸引人的動物是來自中國的貓熊，園方自2000年起就飼養至今。此外，大象區、猛獸區也很有人氣，能見到獅子和亞洲象等氣勢磅礴的大型物物。園區內共展示著約130種800隻動物。

地址•兵庫縣神戶市灘區王子町3-1　**電話**•078-861-5624　**開園**•3～10月／9:00～17:00、11～2月／～16:30（入園受理至閉園前30分鐘）　**公休**•週三（逢節日開園）　**費用**•兒童免費、大人600日圓不等　**車站**•自阪急神戶線的王子公園站步行3分鐘　**官網**•http://www.kobe-ojizoo.jp

08 神戶動物王國

P144

為動植物園，園區內不僅有1000種花卉整年相繼綻放，還有約150種800隻動物生活其中。有世界最古老的貓科動物兔猻、具特色長尾的熊貍及美洲黑熊雙胞胎等，世界各地的動物在此齊聚。

地址•兵庫縣神戶市中央區港島南町7-1-9　**電話**•078-302-8899　**開園**•10:00～16:00、週末假日／～17:00（入園受理至閉園前30分鐘）　**公休**•週四（逢節日開園）　**費用**•兒童免費～1800日圓、大人1800日圓不等　**車站**•自神戶新交通港灣人工島線的京電腦前（神戶動物王國）站下車即達　**官網**•https://www.kobe-oukoku.com/

04
FUKUCHIYAMASHI DOBUTSUEN
kyoto city zoo 京都市動物園
03
KYOTOSHIDOBUTSUEN
06
02
07
01
08
ひめじしりつどうぶつえん
姫路市立動物園
HIMEJI CITY ZOO
HIMEJISHIRITSU DOBUTSUEN
世界一心のある動物園
さつきやま どうぶつえん
SATSUKIYAMA ZOO
SATSUKIYAMA DOBUTSUEN
ojizoo
KOBE
KOBESHIRITSU OJIDOBUTSUEN
05
てんのうじ どうぶつえん
TENNOJIDOBUTSUEN
ADVENTURE WORLD
ADOBENCHAWARUDO
KOBE ANIMAL KINGDOM
神戸どうぶつ王国
KOBEDOBUTSUOKOKU

ZOO DATA

01 天王寺動物園

P114

大阪市立動物園於1915年開幕，展場特色是極力重現動物棲息環境的景觀。園內共生活著約180種1000隻生物，有日本唯一飼養的奇異鳥，還有睡相在社群媒體上引發話題的馬來熊等。

地址•大阪府大阪市天王寺區茶臼山町1-108　**電話**•06-6771-8401　**開園**•9:30～17:30（入園受理至閉園前1小時）、週末假日需事先預約　**公休**•週一（逢節假日延至下個平日）　**費用**•兒童免費～200日圓、大人500日圓不等　**車站**•自Osaka Metro堺筋線或御堂筋線的動物園前站、堺筋線惠美須町站；自御堂筋線或谷町線或JR各線的天王寺站，步行10分鐘　**官網**•https://www.city.osaka.lg.jp/contents/wdu170/tennojizoo

02 五月山動物園

P120

此園坐落於海拔300m的五月山山麓上，經營概念為「世界最有心的動物園」。園內有體態渾圓的塔斯馬尼亞袋熊、毛茸茸的羊駝等眾多治癒人心的動物，暖心的氛圍真的是超有心。

地址•大阪府池田市綾羽2-5-33　**電話**•072-753-2813　**開園**•9:15～16:45　**公休**•週二（逢節日延至下個平日）　**費用**•免費　**車站**•自阪急寶塚本線的池田站，乘阪急巴士，至五月山公園大廣寺巴士站下車後步行3分鐘　**官網**•http://www.satsukiyamazoo.com

03 京都市動物園

P124

1903年開幕，是日本歷史第2悠久的動物園。內部由6個區域構成，值得一看的展區有能觀察西部大猩猩樹上生活的「猿猴世界」，以及能看到亞洲象群的「大象森林」。

地址•京都府京都市左京區岡崎法勝寺町　岡崎公園內　**電話**•075-771-0210　**開園**•3～11月／9:00～17:00、12～2月／～16:30（入園受理至閉園前30分鐘）　**公休**•週一（逢節日延至下個平日）　**費用**•兒童免費、大人620日圓不等　**車站**•自京都市營地下鐵東西線的蹴上站步行7分鐘　**官網**•https://www5.city.kyoto.jp/zoo

04 福知山市動物園

P128

此園的特色是遊客能在入口處購買內含高麗菜與麵包的手工飼料後，進入園區內體驗餵食。園內飼養的動物以白掌長臂猿和小熊貓等草食動物為主，是山陰地區唯一的動物園。

地址•京都府福知山市字豬崎377-1　**電話**•0773-23-4497　**開園**•9:00～17:00（入園受理至閉園前30分鐘）　**公休**•週三（逢節日延至下個平日）　**費用**•兒童免費～110日圓、大人220日圓不等　**車站**•自JR山陰本線或福知山線或京都丹後鐵道宮福線的福知山站，乘日本交通巴士，至三段池巴士站下車步行10分鐘　**官網**•http://www.sandanike-kouen.or.jp/zoo.php

姬路市立動物園、五月山動物園
拍攝：阪田真一

細長的鳥喙搭配蓬鬆的羽毛，身體約保齡球大且體型圓潤。
奇異鳥的翅膀已經退化，一般鳥類長翅膀的地方，牠們就只有2㎝左右的突起。

來自紐西蘭的捐贈 沒翅膀的夜行性鳥類

JYUN & PUKUNUI

奇異鳥

鳥綱無翼鳥目無翼鳥科

JYUN ▸ 38歲／♂　PUKUNUI ▸ 32歲／♀

作為一九七〇年大阪舉辦萬國博覽會的紀念，紐西蘭政府贈送了奇異鳥給天王寺動物園。當時的個體雖然已經離世，但之後園方又再次獲贈，目前全日本僅此園有飼養奇異鳥。

奇異鳥的名字源於牠們會以尖銳的聲音發出類似於「奇——異」二字的叫聲，而牠們的名字還是奇異果名字的由來。在繁殖期，能看到公鳥與母鳥相互和鳴的景象。

屬於夜行性鳥類的奇異鳥生活在日夜顛倒的「夜行性動物舍」。目前展示中的是公鳥JYUN，牠的性格黏人，曾不停跟在飼育員身後打轉。雌鳥PUKUNUI則並沒有對外展示而是養在後院，聽說牠雖然生性有些膽小，但只要飼育員呼喚，牠還是會與人進行眼神交流。

吃飯時間是中午11點到12點左右，餐盤中放著的是牛心肉和泡軟的燕麥片。此外，有時也能看到牠們將鳥喙刺入地面啄食蚯蚓。

A 可能是因為沒有翅膀的關係，奇異鳥渾圓的外觀總給人好像快摔倒的感覺。不過牠們的雙腳十分健壯，能以驚人的速度奔跑。B C 這隻是雌鳥PUKUNUI。一般鳥類的鼻孔位於鳥喙根部，但奇異鳥的鼻孔卻在鳥喙尖端，也因此牠們的嗅覺比其他鳥類更發達，能靠氣味找出藏在地底下的蚯蚓。

夜行性動物舍的時間與外面日夜顛倒，白天時關燈（如圖），晚上則亮燈。如此一來，遊客們在白天也能觀察到夜行性的奇異鳥進行覓食等活躍的模樣。

JYUN&PUKUNUI DATA

性格	JYUN親人、PUKUNUI有些膽小
特技	找出藏在地下的蚯蚓
喜好	園內的肥大蚯蚓、幼蟲

照片提供（下述以外的P114-119）：天王寺動物園
拍攝（P116藏狼，P117眼鏡鴞左）：阪田真一

全日本僅此處有養
野狼大家庭

DOUDOU & MERA etc.

藏狼

哺乳綱食肉目犬科

DOUDOU ▶ 10歲／♂　MERA ▶ 10歲／♀

舉手投足都散發著野狼威風凜凜的氣質。冬天特別冷的時期，茶色的皮毛會變得更蓬鬆。
天王寺動物園

藏狼群會建立一個由領袖主導的縱向社會。園區內有來自中國上海動物園的個體，還有牠的孩子們，目前共有9匹狼在此過著集體生活。若仔細觀察叫聲和肢體語言，就能瞭解牠們之間的從屬關係。

惹人發笑的
豪邁笑聲

—

笑翠鳥

鳥綱佛法僧目翠鳥科

推測20歲／—

特徵是會發出聽起來像是哈哈大笑的鳴叫聲。最愛吃小老鼠和泥鰍，而此園的雄鳥還曾直接從飼育員手中接過老鼠吃。

身形小巧玲瓏，擁有銳利的眼神和散發美麗珠光的發翔羽。

仿彿時尚眼鏡男

MUSASHI

眼鏡鴞

鳥綱鴞形目鴟鴞科

9歲／♂

從眼睛上方到臉頰處，有左右對稱的白色紋路，看起來就好像帶著一副眼鏡。

棲息在墨西哥和南美北部等地的熱帶雨林。平時總是靜靜地待在猛禽舍的高處，上午有時會飛下來，能做近距離觀察。最喜歡的食物是小家鼠。

MITSUKO是個大美人，就連其他動物園的黑猩猩負責人也經常說：「真的是隻很漂亮的黑猩猩呢！」

動物園界第一美的黑猩猩

MITSUKO

黑猩猩

哺乳綱靈長目人科

32歲／♀

園區飼養的6隻黑猩猩都喜歡吃葡萄。早上是牠們最活躍的時間，能看到互動的場面，建議在該時段前往參觀。

不修邊幅的模樣好像大叔

MAASA

馬來熊

哺乳綱食肉目熊科

12歲／♀

超像「大叔」的可愛午睡姿勢引發討論。由於是瀕臨絕種的品種，園方很期待牠未來能繁衍後代。

分上午和下午
輪流站崗

GOUGO & I CYAN

北極熊

哺乳綱食肉目熊科

GOUGO▸16歲／♂　I CYAN▸7歲／♀

頂著潔白的巨大身軀，豪爽地玩著玩具。當牠們以雙腳站立時，遊客們便會大聲歡呼。

這2隻成對北極熊是由以551肉包聞名的大阪公司——蓬萊所捐贈。下午1點交班時，出來的北極熊會馬上開始到處覓食。右圖是母熊I CYAN，左圖是公熊GOUGO。

佅獴生長在非洲大陸的莽原地帶，並棲息在蟻塚之中。YUKIO大多時候都待在仿造該環境的巢穴中，不過在下午2點半開始的點心時間，很有機會能看到牠出沒。

獴科動物中最小的種類，短小的腿四處邁步的模樣真的萌到不行。

偶爾能幸運地看到
牠從洞穴探頭

YUKIO

佅獴

哺乳綱食肉目獴科

—／♂

突擊出沒
最受歡迎的飼育員

MASAHIRO

雞

鳥綱雞形目雉科

5歲／♂

雞的尾羽本來應該要是挺立的狀態，但MASAHIRO的尾羽卻生來扁塌，很容易就能認出。

本來作為飼料入園的MASAHIRO，奇蹟般地活了5年之久。牠目前是飼育組的一員，會在大象戶外展區等園區內「上工」。

觀看前要有心理準備！
氣吞山河的餵食時間

——

美國短吻鱷

爬蟲綱鱷目短吻鱷科

—

平時總是銷聲匿跡，但吃飯時間聽見飼育員喊：「哦咿！吃飯了——！」牠便會顯得很興奮。從水中飛撲向餌食的場面驚心動魄，聽說還曾有小孩被嚇哭。餵食時間不固定。

短吻鱷科鱷魚的特徵是從上方看起來有渾圓感。乍看之下很嚇人，但其實牠們在鱷魚中是性格較為溫馴的品種。

五月山動物園
大阪府池田市
根據長年照顧的飼育員的說法，臀部似乎隱約能看到心型……
茶色的身體飽滿圓飽滿。YUKI僅右腿前端呈白色，彷彿穿了一只襪子。

既能攻擊也能防禦的強壯臀部

YUKI & Wine

塔斯馬尼亞袋熊

哺乳綱雙門齒目袋熊科

YUKI ▸ 4歲／♀　Wine ▸ 推測31歲／♂

袋熊是棲息在澳洲灌木叢林和草原的有袋類，有著圓滾滾的眼睛和短小四肢，外型超級可愛。在日本僅2間設施有在飼養。

YUKI是在二〇一七年從澳洲來到這裡。據說YUKI剛搬到Wine旁邊的飼育舍時，Wine竟以看不出已是老年的敏捷動作躍過柵欄，在追著YUKI跑的同時，還一直嗅聞對方，展現猛烈的追求。別看牠們外表豐腴，袋熊短距離奔跑時的時速可是能達40km。

塔斯馬尼亞袋熊的特技是用強健的前腿與銳利的爪子挖洞。YUKI非常喜歡待在挖好的洞穴中，只要完成了喜歡的巢穴，就幾乎足不出戶。牠也曾在閉園後一個多小時都還不出來，讓飼育員十分困擾。

臀部是塔斯馬尼亞袋熊的另一項特徵。牠們的臀部硬到被咬也沒關係，因此遭遇敵人時，袋熊會把頭埋進巢穴，並用臀部堵住入口，細短的尾巴也讓敵人無法拉動，防禦力極強。此外，牠們在攻擊時也會用臀部撞擊對方。

A

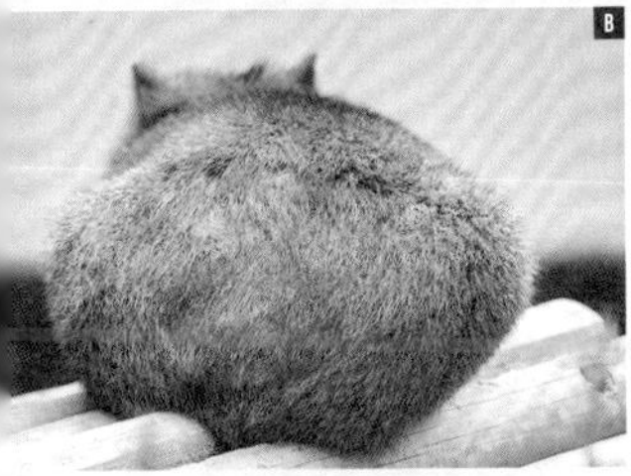
B

C

D

A YUKI很有服務精神，總是來回走動，向遊客展現各種姿態。牠最常走動的時間是臨近閉園的下午3點。B YUKI的屁股。看得出有心型……嗎？C 好像正看向這邊，一邊偷瞄一邊咀嚼中。D 睡在巢箱中的Wine。天氣好的話，有時還能看到牠仰著翻肚睡。

不知道是在幫忙還是在搗蛋？Wine正一邊挖掘飼育員正在打掃的地面，一邊偷瞄飼育員的臉色。

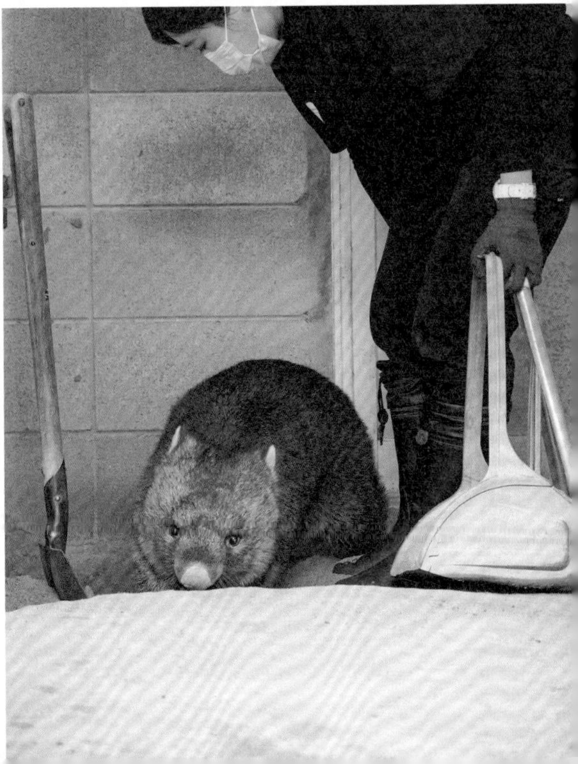

YUKI&Wine DATA

性格｜親人
特技｜挖洞
喜好｜番薯、青草

拍攝（P120-123）：阪田真一

水潤偌大的雙眸與捲翹蓬鬆的黑色皮毛，優雅的外表好似從少女漫畫走出來般。
A

B

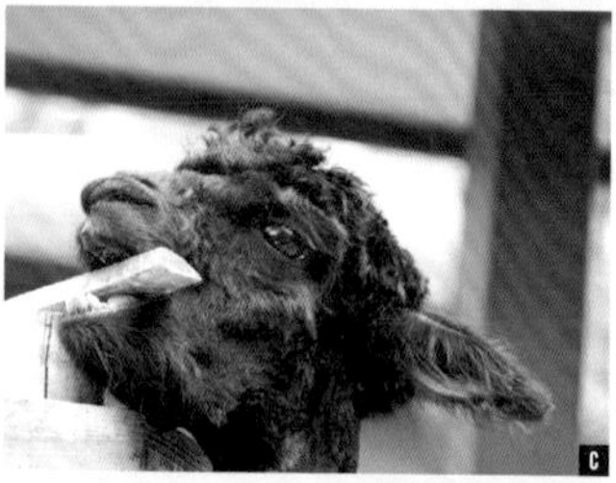
C

D

A 棲息在南美高原的羊駝是駱駝的親戚，臉部和頸部都與駱駝有些神似。B C 可能是嘴巴很寂寞，牠會啃木板來代替奶嘴……D 正躺著用身體摩擦砂子。分成兩辦的蹄好像在比YA的手勢。天氣好時，牠也會張著嘴睡覺。

鬆軟的黑髮與嫻淑的舉止

Pudding

羊駝

哺乳綱偶蹄目駱駝科

11歲／♀

說到羊駝，就必須提牠們鬆軟的毛。雖然白毛的印象深植人心，但其實羊駝還有灰色、黑色和茶色等各種毛色。像Pudding就是黑色，而牠的伴侶CUKUN則是灰白色。

想與羊駝互動，就一定要來體驗餵食。園區內設有飼料自動販賣機，讓遊客能自由投餵。不過各位可要小心唾液攻擊，羊駝不開心時不是咬人或吠叫，而是吐口水。話雖如此，羊駝平時都很溫柔隨和的。

很喜歡互動和撫摸

Jet

綿羊

哺乳綱偶蹄目牛科

8歲／♂

身體潔白，臉和四肢則是黑色。隨著步伐晃動的小肚腩，讓人好想摸一把。

親人的Jet很喜歡被撫摸。將鏡頭對準牠時，Jet便會湊近，感覺好像在說：「哎呀，今天也有客人呀！」（左圖）。

魅力十足的大屁股

SEI

鴯鶓

鳥綱鶴鴕目鴯鶓科

11歲／—

細長的脖子外加巨型臀部。SEI的頭毛似乎遺傳自父親，凌亂的模樣好像燙過頭髮。

生活在澳洲的鴯鶓外觀酷似鴕鳥。牠會一面開闔著嘴，一面從喉嚨發出鴯鶓特有的太鼓聲響朝人靠近。

京都市動物園

京都府京都市

備受大家寵愛的特別寶寶

KINTAROU

西部大猩猩

哺乳綱靈長目人科

1歲／♂

二〇一八年時，爸爸MOMOTAROU和媽媽GENKI生下了KINTAROU，加上哥哥GENTAROU，大猩猩一家人在此生活。

KINTAROU最有魅力的是那雙閃亮澄澈的眼睛，年紀還小的牠充滿好奇心，很喜歡玩耍。目前牠正透過各種遊戲發展肢體，並在名為家庭的社會中不斷成長。

上午10點到下午3點是KINTAROU最活躍的時候。天氣好時，牠還會跑到廣場，然後沉迷於把身體吊在繩索上晃著玩。

一雙大眼睛神采奕奕，五官也非常精緻。特徵是鮮明的眉毛，以及長長的體毛。

特徵是幼兒時期才有的寶寶標誌（白毛）。成年大猩猩看到時，就會溫柔地對待牠們。

A 緊抱著GENKI的KINTAROU。嬰兒時期，母子倆總是一起行動。B 西部大猩猩也會在樹上生活，因此廣場和室內都設有橫梁，以配合牠們的生態。C D KINTAROU也很親人。出生5個月半左右，因GENKI的母乳不足，於是園方透過欄杆進行了輔助哺乳和餵食，所以牠與飼育員特別親近。

寶寶KINTAROU不僅外表長得可愛，腦袋也很精明。例如牠會算準時機跟飼育員討要食物，或是要求哥哥陪牠玩，真的非常聰明。

媽媽GENKI雖然是養大哥哥GENTAROU的資深媽媽，但似乎有點過度保護。然而，牠還是會允許牠信任的飼育員跟KINTAROU玩等等，從這點能感受到人類與大猩猩家族之間的牽絆。

KINTAROU DATA

性格	聰明且腦筋動得很快
特技	吊掛玩耍
喜好	牛奶、蒸南瓜

照片提供（下述以外的P125-127）：京都市動物園
拍攝（P124，125A・C，P126戴犬左，P127日本赤狐左）：渡邊智之

特色是渾圓的體態
外觀仍保有原始樣貌

DENMARU

藪犬

哺乳綱食肉目犬科

DENMARU ▸ 9歲／♂

京都市動物園
長軀幹加上短四肢的外型並不像狗，但這種體型很適合生活在林藪中。而且藪犬的趾頭間有蹼，很擅長游泳。

藪犬屬於原始品種，至今仍保持著1000年前的樣貌。牠們棲息在森林和森林邊上的沼澤等林藪地帶，因此得名。在此園中，各位能觀察到藪犬們跟狗一樣有做記號等行為。

京都市動物園中有5頭亞洲象，其中首領是年紀最長的美都，牠能聽懂飼育員發出的16種日文指令並採取行動。

力大無窮讓人難以感覺到牠已經有點歲數。與其他4頭同居的8～12歲大象相比，美都的特徵是擁有更龐大的軀體。

率領頑皮小象們的
大姊頭

美都

亞洲象

哺乳綱長鼻目象科

推測49歲／♀

KYOU在人的面前也能安心地熟睡，而且還能直接從飼育員手中接過飼料來吃。

最愛吃馬肉

KYOU

日本赤狐

哺乳綱食肉目犬科
推測9～12歲／♂

KYOU在成年之前生活在野外，因遭逢車禍而被園方收留。至今已過了6年，牠與飼育員相處融洽且非常活潑健康。

享受山林生活

HONOKA

亞洲黑熊

哺乳綱食肉目熊科
4歲／♀

HONOKA是遊客間口耳相傳的美人胚子。目前在還原了京都豐富山林樣貌的京都森林區過著悠閒的生活。

在隧道中行進！

——

豚鼠

哺乳綱齧齒目豚鼠科
—

穿越隧道的表演很受歡迎。在寢室和廣場來回穿梭之際，豚鼠們會排成一列在隧道中前行。

某些行為舉止
超像人類小孩

桃太郎&福

白掌長臂猿

哺乳綱靈長目長臂猿科

桃太郎▶6歲／♂　福▶4歲／♀

白掌長臂猿蓬鬆的皮毛是深茶色，而特徵則一如其名，擁有修長且帶有白毛的四肢。

牠們的肩膀與人類一樣位於兩側，因此能用手抓撓背部，還能直立行走。

白掌長臂猿棲息在泰國、緬甸和馬來半島的熱帶雨林，是種幾乎都在樹上生活的猴子。據說野生環境下，牠們除了喝水外都不會下到地面，然而福知山市動物園中的福在獲得伴侶前，每天都和園長一起到公園散步。

順道一提，在類人猿中，白掌長臂猿擁有和人類一樣發達的聲帶，能發出清澈優美的聲音。如果聽到牠們「齁齁」的鳴叫聲，那真的是非常幸運。

A 聽明又能幹的桃太郎。在散步時牠會摘三葉草的花吃，或把杜鵑花放在嘴上吸食花蜜。而炎熱的季節裡，桃太郎會掬起池水洗臉，還會央求打開水龍頭。**B** 園長和福的肢體接觸。**C** 手指和指甲都很像人。**D** 白掌長臂猿的背影，屁股超級可愛。

桃太郎6年前曾在《天才！志村動物園》的節目中，由女演員瀧本美織養育過1年。照顧期間她會幫桃太郎換尿布等，據瀧本小姐表示：「感覺就好像在養人類小孩。」

不過隨著成長，桃太郎已經開始長牙，於是園方目前已禁止牠與遊客接觸。只有在沒有遊客的休園日，桃太郎才能外出走動。可即便如此，桃太郎還是很喜歡園長，在看到對方時，便會搖晃籠子或鳴叫來引起注意。

桃太郎 & 福 DATA

- 性格｜桃太郎很愛撒嬌
- 特技｜盪單槓
- 喜好｜蘋果、葡萄

※目前桃太郎在開園時不會到戶外。本書是園方特許在開園前散步時進行拍攝。

拍攝（P128-131）：阪田真一

福知山市動物園
令明是隻超級貪吃鬼，討食的時候，甚至會整隻攀附到飼育員身上。

A

B

C

A「已經沒了嗎？」圖中是正在確認飼料盆的令明，竹子和蘋果是牠的最愛。B 打鬧中的KYARA和令明。玩個不停的模樣，讓人有點擔心牠爸爸的體力。C 把小孩交給爸爸後，就是媽媽SHIRATAMA優雅的休息時間，徹底放鬆的慵懶睡相可愛度破表。SHIRATAMA的性格沉穩，夫妻不曾吵架，感情很融洽。

光看就超療癒的
和睦小熊貓家族

令明 etc.

小熊貓

哺乳綱食肉目小熊貓科

令明▶1歲／♂

令和元年誕生的小熊貓透過公開徵名，最終決定取名令明。牠目前和爸爸KYARA、媽媽SHIRATAMA以及哥哥光，一家四口一起相親相愛地生活。

年幼的令明非常頑皮，就算被爸爸、哥哥巧妙敷衍，牠也沒記取教訓，依舊時常去招惹。媽媽SHIRATAMA則是小熊貓界知名的大美人，牠的耳廓很大，且眼緣的熊貓紋（白色部分）偏淡，因此眼睛看起來炯炯有神。

可以坐上來唷！

D

KAMEKICHI

蘇卡達象龜

爬蟲綱龜鱉目陸龜科

27歲／♀

原本生活在撒哈拉沙漠的陸龜。小於5歲的遊客能坐上牠的龜殼，和牠一起悠閒散步。

大嚼特嚼……

C

GARU

水豚

哺乳綱齧齒目豚鼠科

3歲／♂

GARU有些膽小，但發現飼育員時，還是會上前討要高麗菜然後大肆咀嚼。

超神的握手回應

B

Pi醬

葵花鳳頭鸚鵡

鳥綱鸚形目鳳頭鸚鵡科

10歲／♂

動物園大選榮獲第1名的動物明星。不僅擅長說話，還會展開翅膀擺出萬歲姿勢及握手。

特色是垂耳

A

—

美國長毛垂耳兔

哺乳綱兔形目兔科

—

最受歡迎的活動是大夥兒一起鼓著腮幫子大嚼水果的吃飯時間。運氣好的話，還有機會抱到牠們。

Adventure World

和歌山縣白濱町

雖然出自同一對父母，但兩隻女兒卻擁有不同特徵。這隻是6歲的桃濱，牠的臉型是猶如飯糰的三角形。
白天吃飽睡，睡飽吃的模樣好療癒，懶洋洋的睡姿也超級可愛。

Adventure World的超人氣明星
一家六口的大貓熊

永明 & 良濱 etc.

大貓熊

哺乳綱食肉目熊科

永明▸28歲／♂　良濱▸20歲／♀

位於關西的Adventure World，是中國成都大貓熊繁育研究基地的日本分部。

基於以繁殖為目的的「Breeding Loan」制度，此設施自一九九四年起開始向中國租借貓熊，並展開中日共同研究。目前共計已繁衍出16隻貓熊，其中更有15隻都是永明的孩子。永明現在與擔任母親的良濱，及4隻女兒們一起在此生活。在日本的10隻大貓熊中，就有6隻在此園展示。

貓熊生活的設施有「Breeding Center」和「Panda Love」共兩處，各生活著3隻貓熊。在開園期間內，遊客都可以觀賞到貓熊們玩遊樂器材或午睡等隨心所欲的生活樣貌，但最值得注目的時段是一大早，能看到牠們在運動場上大口嚼竹子的情景。

　雖然貓熊也會吃蘋果或胡蘿蔔，但牠們的主食還是竹子，而且還只吃聞起來「好吃」的竹子。光看吃相好像對食物沒什麼講究，但其實貓熊各個都是美食家呢。

A 櫻濱是桃濱的雙胞胎姊姊，牠的耳朵比其他孩子都要大。B 貓熊也愛吃春天季節性的竹筍。C 永明的第14個孩子結濱，尖起的頭是牠的特徵。D 良濱是第1隻在Adventure World誕生的大貓熊。E 永明是最挑嘴的美食家，如果沒有喜歡的竹子，牠就會發出「咩～」的叫聲向飼育員討要。

玩玩具的彩濱。出生時體型最小的彩濱，如今已長成了活潑調皮的女孩。

永明 & 良濱 etc. DATA

性格｜美食家
特技｜找出好吃的竹子
喜好｜竹子

照片提供（P132-135）：Adventure World

C

A

D

B

千萬別錯過表演

D

寬吻海豚

哺乳綱偶蹄目海豚科

此設施有飼育海洋動物。在Marine Wave能看到寬吻海豚表演大跳躍，展現絕佳的運動能力！

擁有兩座壯觀的駝峰

C

雙峰駱駝

哺乳綱偶蹄目駱駝科

此園駱駝的駝峰大小位居全日本之冠，牠的下唇鬆弛，好像在吹口哨的表情魅力十足。

可觀的吃飯場面

B

亞馬遜松鼠猴

哺乳綱靈長目捲尾猴科

飼養亞馬遜松鼠猴的展場，仿造棲息地玻利維亞森林的環境。牠們吃飯時有用手擦過再吃的習慣。

擅長游泳

A

水豚

哺乳綱齧齒目豚鼠科

水豚的腳上有蹼。冬天有泡湯場面，夏天則能觀賞牠們和企鵝在同一個池中共游的樣子。

G

E

H

F

超級愛乾淨

H

海獺

哺乳綱食肉目鼬科

海獺擁有一身柔軟的皮毛。各位時常能看到牠們抓撓全身，但那並不是在抓癢，而是在理毛。

整群集體行動

G

印度黑羚

哺乳綱偶蹄目牛科

警戒心強，總是集體行動。只有強大雄性的體色是黑色，當地位被取代時，毛色也會隨之改變。

每隻都獨具特色！

F

國王獵豹

哺乳綱食肉目貓科

國王獵豹的特徵是背部的黑色條紋，而該園另外還有飼養其他多隻獵豹。

世界上最小的馬

E

迷你馬

哺乳綱奇蹄目馬科

該園飼養了比利時馬與矮種馬等多個品種，也有迷你馬的小孩。

姬路市立
動物園

兵庫縣姬路市

二代目姬子擁有睫毛纖長的迷人雙眼，而作為一頭母亞洲象，牠還擁有罕見的象牙（門牙）。

亞洲象的體型比非洲象要小，耳朵也偏小，而且頭頂還有瘤狀隆起。

姬子和飼育員齊心協力做清理

二代目姬子

亞洲象

哺乳綱長鼻目象科
推測43歲／♀

二代目姬子是在初代姬子離世後，從姬路市來到此園的大象。野生的亞洲象是在森林、莽原或草原過著群居生活，但姬子從小就是獨居。牠也曾移往別間動物園與數頭大象同居，但由於環境適應不良導致健康問題，於是最終又回到了姬路。

體力逐漸下滑的姬子需靠著卡車移動，但也因此與陪同牠的飼育員培養出了深厚情誼。從雙方現在的互動中，能感受到彼此之間堅實的信任。

上午9點、下午1點和3點45分左右，是吃飯、進行身體管理訓練及清潔身體的時間。這時姬子會主動彎低身軀，好方便飼育員清洗。除此之外的時間，姬子經常玩水或玩沙，這些都是牠最愛的活動。當撒在頭上的沙不小心掉進眼中時，牠還會靈活地用鼻子揉眼睛。

個性方面，姬子生性膽小，當在廣場上被直升機或卡車的聲音嚇到時，牠便會不斷用尾巴敲門，催促飼育員快點放自己進到室內。

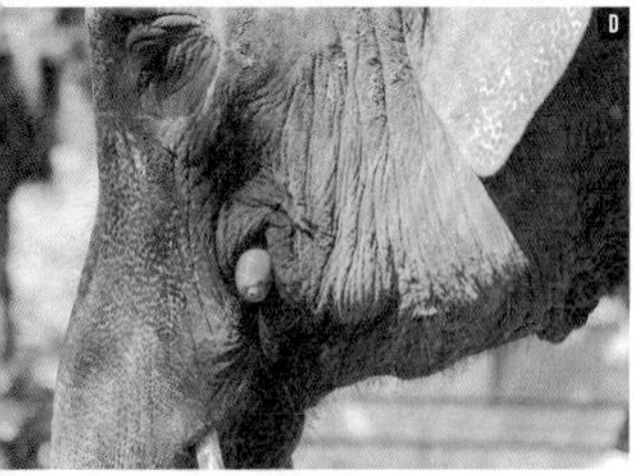

A 每天都要把背上的泥土弄掉後才能回到房間。在掃除沙子時，姬子會將身體前傾，讓掃把更容易搆到。B 清洗腳底時，姬子會主動彎腿露出腳底。C 與最喜歡的飼育員用象鼻進行肢體接觸。D 邊把最愛的胡蘿蔔叼在嘴邊，邊咀嚼乾草。

姬子用鼻子汲取飼育員從水管弄出的水後，往自己的身上澆淋。

※二代目姬子於2020年10月24日與世長辭。本書為留下二代目姬子的紀錄，故收錄了採訪時的資訊。

二代目姬子 DATA

性格｜膽小

特技｜洗澡、玩沙

喜好｜水果、蔬菜、牧草、竹子

拍攝（P136-139）：阪田真一

如果有喜歡的鯖魚
練習也會更加賣力

Vicky

南海獅

哺乳綱食肉目海獅科

推測22歲／♀

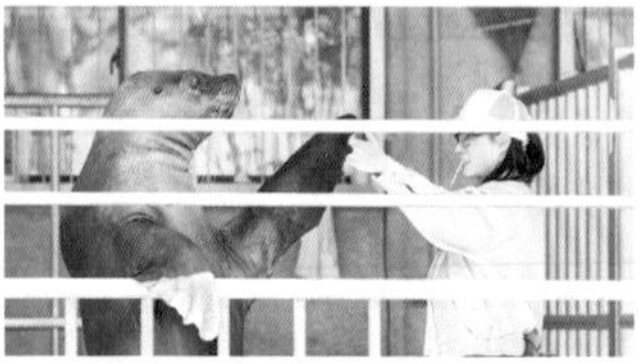

南海獅是棲息在南美沿岸的海獅科生物。Vicky能在訓練中表演擊掌、倒立等各種動作。看啊！這如同鯱鉾裝飾般美麗的姿勢！(右圖)。

能減少水中阻力的流線型身軀。濕掉的皮毛能緊貼於皮膚，形成光滑的表面。

介紹姬路城歷代城主最愛的鷹獵活動

千代姬

栗翅鷹

鳥綱鷹形目鷹科

3歲／♀

栗翅鷹擁有鷹科鳥類特有的強悍五官與健壯體格，然而與其外觀不符的奶萌叫聲，讓牠們多了反差萌的魅力。

千萬別錯過為傳承鷹匠文化而開始舉辦的戶外訓練（週日下午2點開始）。栗翅鷹配合笛聲起飛，而後又鎖定飼育員的手臂降落等一連串動作，總是讓人看得目不轉睛。

沒有凹凸的扁臉好像碟形天線

面丸

西倉鴞

鳥綱鴞形目草鴞科

臉上好似戴著一副白色心形面具。看似面無表情，但其實瞇眼時會變成一張可愛的小衰臉。

心形臉的構造叫「臉盤」，具有幫助集音的功能。面丸也有張漂亮的大臉盤，在園內訓練時能看到牠優雅飛行的姿態。

注意這對夫妻成對的心形紋路

KOUSUKE & KIKI

網紋長頸鹿

哺乳綱偶蹄目長頸鹿科

KOUSUKE ▸ 15歲／♂　KIKI ▶ 5歲／♀

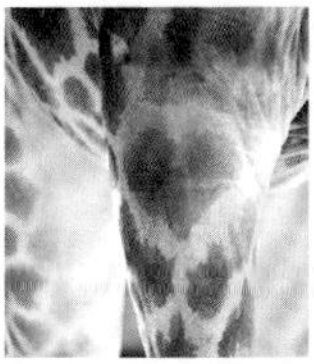

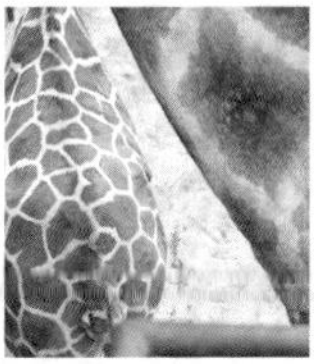

KOUSUKE與KIKI在2年前結為夫妻。牠們不僅生日都是4月25日，個性也真的非常契合，兩隻一起你儂我儂地品嚐樹葉的畫面無比溫馨。

夫妻有成對的心形紋路，KOUSUKE的心型紋路位於右前腿根部，KIKI則是在臀部上。

神戶市立
王子動物園
兵庫縣神戶市
據說貓熊為嚼碎堅硬的竹子，臉才長成了這樣肌肉發達的圓形，而旦旦也有張精緻的圓臉。
旦旦成年後，身體依舊是又小又圓的幼兒體型，拚命活動粗短四肢的模樣超級討喜。

來到神戶已有20年
不久後將要說再見了

旦旦

大貓熊

哺乳綱食肉目熊科

25歲／♀

在一九七三年神戶市和中國天津市結為友好都市的機緣下，王子動物園陸續獲得了3隻大貓熊。

該園目前有1隻名叫旦旦的大貓熊，歷經20年的飼育、展示後，已經決定不久後將送回中國。

旦旦年輕時較為敏感，細微的聲音牠都會有反應。然而牠現在已經完全習慣了被人注視的環境，能坦蕩蕩地在遊客前展現放鬆的姿態。

大貓熊幾乎成天都在睡覺，而且旦旦也不例外。雖說這就是貓熊的習性，但各位應該還是很想看到牠起來活動的樣子。該園1天有4次的餵食時間，這時就有機會看到貓熊活潑的模樣。

不過旦旦生性有些害羞，吃飯時經常背對遊客以避開視線。而牠的吃法也很特殊，尤其若給的是竹筍，牠便會吃得滿肚子都是。旦旦既可愛又害羞的吃相，實在讓人無法移開視線呢。

A

B

C

D

A B 吃飯前後都在睡覺。有種說法是貓熊雖然是雜食性動物，但牠們的器官很難消化吸收竹子和竹葉，於是為避免浪費體力在其他不必要的地方，貓熊時常都在呼呼大睡。C 圓不溜丟的雙眸。D 背對遊客的旦旦。看不到臉有些可惜，但潔白的背部和圓呼呼的屁股也很可愛。

前掌由五根指頭和4個骨頭突起構成，能穩穩地抓握物體。圖中是拿到胡蘿蔔後，看上去很開心的旦旦。

旦旦 DATA

性格｜隨著年紀增長變得愈來愈坦蕩
特技｜睡得很幸福
喜好｜竹筍

照片提供（P140-143）：神戶市立王子動物園

母獅SAKURA（左）有張眼神銳利的精悍面容；公獅RAO（右）的眼睛則圓潤可愛。

A 萬獸之王的獅子上了年紀後，性格也變得十分沉穩。B 獅子們每天都在展場中過著自在的生活。一般獅子會在2歲左右獨立，3～4歲達到性成熟，而在人工飼養的情況下，壽命能長達25年。動物園也跟人類世界一樣，逐漸邁向長壽、高齡化。C 據飼育員表示，兩隻共鳴時就好像在合唱。

如空氣般自在的陪伴
耐人尋味的老夫老妻

RAO & SAKURA

獅子

哺乳綱食肉目貓科

RAO▸23歲／♂　SAKURA▸22歲／♀

園中的RAO和SAKURA是一對和睦的老夫老妻，目前正悠閒地度過餘生。年輕的公獅一般擁有豐厚的鬃毛好保護脆弱的頸部，然而RAO由於年事已高，鬃毛量也隨之減少，但牠吼叫的身影依舊充滿魄力，夫妻倆會在傍晚時分一起共鳴。

這對獅子夫妻在白天睡覺的時間變多，但睡姿一如既往地可愛。傍晚進入室內前，還能看到牠們為討要食物而積極地在寢室前徘迴。

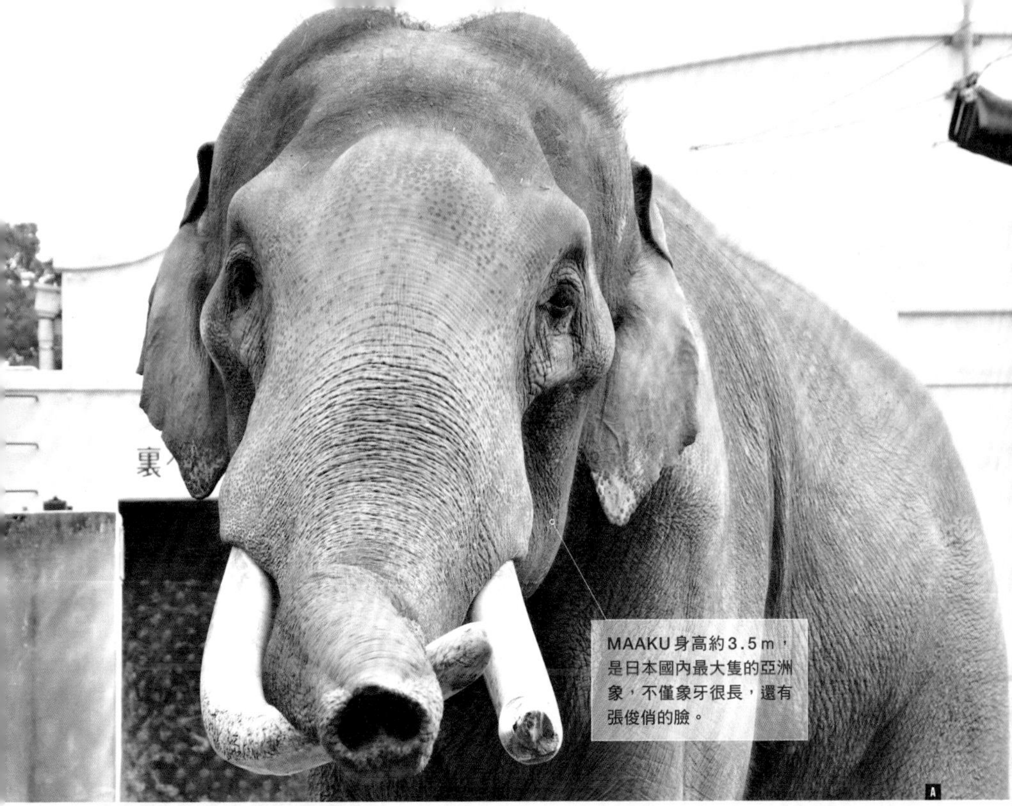

MAAKU身高約3.5m，是日本國內最大隻的亞洲象，不僅象牙很長，還有張俊俏的臉。

A

C

B

A MAAKU對人很隨和，當飼育員呼喚時，牠便會低下頭並發出「啾嗚啾嗚」的叫聲。B 作為檢查身體有無異常的手段，以及與飼育員的一種交流，大象每天都必須接受訓練。圖中是大象配合指令抬腳的場面。C ZUZE有3次生產經驗。而MAAKU和ZUZE這對長年為人所熟知的老夫老妻也擁有不少粉絲。

不只獅子
大象也有恩愛的老夫老妻

MAAKU & ZUZE

亞洲象

哺乳綱長鼻目象科

MAAKU▸28歲／♂　ZUZE▸30歲／♀

亞洲象的體型雖小於非洲象，但據說MAAKU是日本體型最大的亞洲象。另一方面，比MAAKU大2歲的ZUZE體態豐腴，玲瓏的眼睛相當迷人。2頭大象時常膩在一起，是對恩愛的夫妻。

MAAKU出身瑞士。聽說飼育員在中午後的訓練中使用的口令，就是由牠在瑞士的調教師所親自傳授。各位能看到MAAKU配合口令，做出平時不會有的動作。

特色是濃密的皮毛
世界最古老的貓科動物

ERU & AZU

兔猻

哺乳綱食肉目貓科

ERU▸1歲／♂　AZU▸1歲／♀

兔猻的眼中有圓形光彩。在明亮的環境下，牠們的瞳孔並不會像其他貓科一樣變得細長，而是維持圓形縮小。

蓬鬆的皮毛讓兔猻就算趴在雪地或結凍的地面上也不會凍著。

兔猻約在600萬年前就已經存在，是世界最古老的貓科動物，目前屬於瀕危物種，在日本僅7間設施能看到。牠們原本棲息於蒙古、俄羅斯與中國等地，冬天能生存在-50度的寒冷地帶，但也因此較不適應平地生活，很容易受到感染。此園的ERU和AZU是飼育員徹底進行消毒、透過人工哺育努力養大的雙胞胎。即使長大了，外觀依舊非常相似。眉間有一道黑色縱向條紋的是ERU，頭部小而圓潤的是AZU。

A 在地上打滾的模樣超像貓。B 側臉也很美。C 充滿野性的表情。ERU是隻貪吃鬼，一看到飼料便會二話不說地靠過來。D 對吊起的鹿骨頭認真地大快朵頤。野生環境下必須動腦才能捕到食物，所以園方也刻意以較難吃到的方式餵食，盡可能貼近野生環境。

同園區的ERU和AZU在還不適應環境的時候，總會威嚇飼育員。聽說當時牠們一面後退一面吃著鑷子上的食物，模樣超級惹人憐愛。

當兔猻自行補食的時候，會躲在岩石等陰暗處慢慢靠近，那反覆一進一頓的動作簡直就是隻貓。而小巧的耳朵加上寬臉的長相，也讓牠們在陰暗處偷窺獵物時較不容易被察覺。尋找兔猻與其他貓科動物間的差異是件非常有趣的事。

ERU & AZU DATA

性格｜貪吃鬼
特技｜躲在陰暗處接近獵物
喜好｜小雞、老鼠

照片提供（P146B，P148美洲黑熊左）：神戶動物王國
拍攝（上述以外的P144-149）：阪田真一

鯨頭鶴不太活動，可能很少有機會看到牠們飛，但牠們展翅翱翔的身影真的美麗又動人。

A

C

B

A 鯨頭鶴的翅膀張開後能寬達2m以上。B 往兩側生長且長度齊平的冠羽。據說每隻鯨頭鶴的冠羽生長方式都不同，各位可以把BONGO與MARINBA做比較。C 正在抖落身上雨珠的MARINBA。展場內能欣賞牠們捕魚或洗澡的光景。最為活躍的時段是開園後的10～11點，還請把握絕佳的觀賞時機。

捕捉飛翔或築巢的珍貴瞬間

BONGO & MARINBA

鯨頭鶴

鳥綱鸛形目鯨頭鶴科

BONGO ▸推測8歲／♂
MARINBA ▸推測6歲／♀

鯨頭鶴在伏擊魚類時，會像雕像般一動不動，因而又有「不動鳥」的稱號。而在此園寬闊的展區裡，遊客有機會能目睹不動如山的鯨頭鶴飛翔的珍貴畫面。

另外，鯨頭鶴出雙入對的畫面也是這裡的特殊景象。園方更是為這對配偶整頓了環境，備妥巢材和巢台，希望能成為日本第一間成功繁殖鯨頭鶴的設施。目前雄鳥BONGO和雌鳥MARINBA正過著同居生活，各位能近距離觀察到牠們搬運巢材的身影。

熊貍尾巴根部的臭腺會散發出類似爆米花的味道，牠們會利用這個味道來標記地盤。

A 媽媽RUNA的體重約有17kg，但肌肉發達的尾巴仍足以讓牠吊掛在樹上。B UTAARU在獲取餌食時，總擺出萬歲的姿勢。C 一身黑的熊貍只在寶寶時期尾巴內側會呈白色，各位可以多加留意。獨自玩耍中的UTAARU有時會突然感到寂寞，然後邊叫邊跑回RUNA身邊，行為還像個孩子。

肌肉結實的尾巴
幾乎能支撐全身重量

UTAARU & RUNA

熊貍

哺乳綱食肉目靈貓科

UTAARU ▸ 0歲／♂　RUNA ▸ 6歲／♀

熊貍是靈貓科的動物，其馬來文名字「Binturong」的意思是「像熊一樣的貓」。主要生活在樹上的熊貍具有極富特色的長尾巴，牠們能利用這條肌肉發達的尾巴捲住枝幹，將自己吊掛在樹上。

野生的熊貍群居棲息在東南亞的森林中，而此園樹林茂密的展場中，則養著一對親子。於二〇一九年的日本除夕誕生的UTAARU，每天都把榕樹當成攀爬架，在上面爬著玩。

正逐漸從寶寶成長為少年

REY etc.

羊駝

哺乳綱偶蹄目駱駝科

REY▶0歲／♂

與父（左）母（右）相比，REY仍是小耳朵搭配粗脖子的小孩身型，但體格已大得十分可觀。

名字取自日本新年號「令和」中「令」字的漢字發音，以及羊駝原產地西班牙語中的「REY」，其意思是國王。REY很常和父母一同展出，經常能看到牠撲向爸爸嬉鬧的模樣。

節分之日誕生的雙胞胎姊妹花

SETSU & MAME

美洲黑熊

哺乳綱食肉目熊科

5歲／♀

美洲黑熊擁有蓬鬆的褐色皮毛與可愛五官，而且牠們還是泰迪熊的原型。

這對雌熊雙胞胎的名字分別取自日文「節」（SETSU）與「豆」（MAME）的漢字發音。平時感情很要好，但在吃飯時便會為了爭搶食物而爆發激烈打鬥。此外，牠們喝水時不是直接用嘴，而是用手掬水飲用，舉止相當高雅（右圖）。

在新設的
戶外泳池裡暢游

音 etc.

斑嘴環企鵝

鳥綱企鵝目企鵝科

—

目前園區共飼養了18隻斑嘴環企鵝，每隻的年齡與性格都不盡相同。牠們捕魚時的速度快得驚人，參觀時可千萬別錯過。

能以超近距離觀賞到企鵝們游泳的戶外水池超有特色，另外還有能直接餵企鵝吃魚的餵食體驗，但過程中有時會發生企鵝們太過興奮，結果不小心把水濺到遊客身上的情況……

Pump是在2020年5月來到此園。牠所在的展場完整還原了棲息地蘇門答臘島的叢林環境，遊客能看到牠在池中戲水、攀登樹木或藏匿於岩穴等貼近自然的樣貌，展示方式極富魅力。

此園首隻大型猛獸
野性的魅力氣勢逼人

Pump

蘇門答臘虎

哺乳綱食肉目貓科

4歲／♂

猛獸獨具的凶悍面容。蘇門答臘虎是愛爬樹的貓科，但也不怕水，而且很擅長游泳。

Category

06

CHUGOKU

中國／四國

SHIKOKU

02 秋吉台自然動物公園Safari Land

P156

這是一間主題公園，遊客能在汽車或專用巴士上，近距離觀察動物們在近乎野生環境下的生態。園區內有美洲黑熊、非洲森林象與白獅等共計60種600隻世界珍稀生物在此生活。

地址•山口縣美禰市美東町赤1212　**電話**•08396-2-1000　**開園**•4～9月／9:30～17:00、10～3月／～16:30（入園受理至閉園前45分鐘）　**公休**•無休　**費用**•兒童免費～1500日圓、大人2500日圓不等　**車站**•自JR各線的新山口站，乘防長巴士或中國JR巴士至秋芳洞巴士站下車，再乘防長巴士或中國JR巴士，至Safari Land前巴士站下車後步行1分鐘　**官網**•http://www.safariland.jp

03 TOKIWA動物園

P160

此園是日本首座將還原棲息地的生態環境展示引進整個園區的動物園。內部分成4個區域，有斯里蘭卡獼猴生活的「亞洲森林地帶」，以及能看到樹懶的「中南美洲濱水區」等。

地址•山口縣宇部市則貞3-4-1　**電話**•0836-21-3541　**開園**•9:30～17:00　**公休**•週二（逢節假日延至隔日）　**費用**•兒童免費～200日圓、大人500日圓不等　**車站**•自JR各線的新山口站，乘宇部市交通局巴士，至動物園入口巴士站下車步行3分鐘　**官網**•https://www.tokiwapark.jp/zoo

04 愛媛縣立砥部動物園

P164

該園擁有西日本屈指可數的大面積占地，特色是盡可能不使用柵欄，利用高低差與溝渠，營造具立體感的全景展示。飼養著152種動物，有日本首隻人工哺育養大的北極熊和非洲草原象親子等。

地址•愛媛縣伊予郡砥部町上原町240　**電話**•089-962-6000　**開園**•9:00～17:00（入園受理至閉園前30分鐘）　**公休**•週一（逢節日延至隔日平日，有時會臨時開園）　**費用**•兒童免費～100日圓、大人200～500日圓不等　**車站**•自伊予鐵道各線的松山市站；橫河原線的伊予立花站，乘伊予鐵巴士，至砥部動物園前巴士站下車步行9分鐘　**官網**•https://www.tobezoo.com

05 白鳥動物園

P168

此園以「太過自由的動物園」著稱，園區內隨處可見自由活動的兔子與孔雀，而且幾乎所有的動物都能餵食。有些時期還有機會抱到小老虎或與之合影紀念。

地址•香川縣東香川市松原2111　**電話**•0879-25-0998　**開園**•9:00～17:00　**公休**•無休　**費用**•兒童免費～1300日圓、大人1300日圓不等　**車站**•自JR高德線的讚岐白鳥站，乘計程車10分鐘　**官網**•http://shirotorizoo.com

福山市立動物園
FUKUYAMASHIRITSU
DOBUTSUEN

国定公園 秋吉台サファリランド
AKIYOSHIDAI
SHIZENDOBUTSUKOENSAFUARIRANDO

SHIROTORI ZOO
SHIROTORIDOBUTSUEN

TOBE ZOOLOGICAL PARK OF EHIME PREF.
ZOO 愛媛県立とべ動物園
EHIMEKENRITSU
TOBEDOBUTSUEN

ZOO DATA

ときわ動物園
TOKIWADOBUTSUEN

01 福山市立動物園

P152

備後地區象徵性的知名公立動物園。最有人氣的是日本國內唯一飼養的婆羅洲象FUKU。其他還有號稱黑毛美男子的侏儒馬KURO、巨型水豚等各具特色的動物。

地址•廣島縣福山市蘆田町福田276-1　**電話**•084-958-3200　**開園**•9:00～16:30（入園受理至閉園前30分鐘）　**公休**•週二（逢節日延至隔日）　**費用**•兒童免費、大人520日圓不等　**車站**•自JR福鹽線的新市站，乘計程車約15分鐘　**官網**•http://www.fukuyamazoo.jp/index.php

白鳥動物園　拍攝：岡本大樹

福山市立
動物園

廣島縣福山市

鼻子上抬時的表情十分迷人。頭頂長有許多毛，好似人類的劉海。
婆羅洲象的外觀有別於亞洲象，牠們身型圓潤，尾巴長、鼻子短，肩膀還高於頭部。

在粉絲的支持下度過生命危急時刻

FUKU

婆羅洲象

哺乳綱長鼻目象科

推測22歲／♀

婆羅洲象是瀕臨滅絕的品種，在日本僅福山市立動物園能看到。蓬亂的瀏海是FUKU的標誌性特徵，而牠討喜的外表不僅在當地，就連縣外也有許多粉絲。

性格溫柔又聰明的牠在不小心快踩到飼育員的腳時，會立刻抬腳，對人非常照顧；在每天下午3點左右的訓練時間，FUKU還能配合飼育員的指令完美地完成訓練。

二〇一六年三月，園方發現FUKU感染了結核菌。聽說因為牠太聰明，在知道藥是苦的後就不願再吃藥，結果一度陷入命危狀態。

然而在園方拚命治療下，FUKU總算是保住一命，但結核菌已終生都不會從牠體內消失。

為了幫助受結核菌所苦的FUKU，粉絲們在二〇一八年時發起群眾募資，贈與園方結核篩檢工具、維持FUKU身體健康的暖房費用等等。在眾多人們的守護下，FUKU現在過得神采奕奕。

A

B

C

D

A FUKU正在玩裡面放有飼料的滾筒，這也是粉絲送的禮物。B 以大象來說，牠的體格偏小且有些渾圓。C 依照飼育員的指令進行抬腳訓練。D 聽說牠的體重一度掉了300kg，瘦到肋骨都清晰可見，但牠現在的體重有2.7噸左右。

FUKU對聲音很敏感，各位在觀賞時，請溫柔安靜地注視就好。

FUKU DATA

性格｜聰明又溫柔
特技｜訓練
喜好｜甜的東西

照片提供（P154A）：福山市立動物園
拍攝（上述以外的P152-155）：松本紀子

C A

D B

最調皮搗蛋的1歲

D

HAASAKU

網紋長頸鹿

哺乳綱偶蹄目長頸鹿科

1歲／♂

正值好奇心旺盛的年紀，有時啃咬飼育員的頭髮，有時觀察隔壁斑馬，每天都有新樂趣。

對氣味很敏感

C

ZUNDA

南美浣熊

哺乳綱食肉目浣熊科

8歲／♀

南美浣熊的特徵是細長尖銳的鼻子，而牠們也具有浣熊科物種的特色，擅長用長爪子爬樹。

原產自俄羅斯遠東

B

PIN

遠東豹

哺乳綱食肉目貓科

12歲／♀

原生在俄羅斯東南部的阿穆河流域，棲息數量約100頭，飼育數量也很少，是珍稀物種。

重達75kg的龐大身體

A

SHIROTORI

水豚

哺乳綱齧齒目豚鼠科

6歲／♀

SHIROTORI的父母來自海外的動物園，牠的身體很大，從小就經常被誤認為是豬。

G

E

H

F

氣宇非凡

H

KAARA

獰貓

哺乳綱食肉目貓科

推測11歲／♀

耳尖纖長的簇毛相當顯眼，人們目光所不能及的岩石頂端是牠的寶座。

北美的獅子

G

Marron

美洲獅

哺乳綱食肉目貓科

13歲／♀

是山貓中最大型的品種。人工哺育養大的Marron很親人，有時還會隔著網子磨蹭。

具有便於登山的蹄

F

Olive

哈特曼山斑馬

哺乳綱奇蹄目馬科

9歲／♀

斑馬大多成群生活在草原，但這種斑馬則是棲息在山岳地帶，也因此擁有寬大的蹄。

黑毛美男子

E

KURO

侏儒馬

哺乳綱奇蹄目馬科

14歲／♂

一身亮麗黑毛，配上蓬鬆的尾巴。但牠很喜歡玩泥巴，每次都把漂亮的皮毛搞得泥濘不堪。

秋吉台自然動物公園
Safari Land

山口縣美禰市

年輕母熊MONA的毛色與其他4隻相比呈淡茶色。野生環境下，美洲黑熊的毛色也會隨棲地而有所不同。

當黑熊攀爬樹木時，就有機會看見這巨大肉球。牠們的指尖還長著利爪，非常擅長在地面挖洞。

在秋吉台自然動物公園Safari Land中，有8隻黑熊過著沒事吃吃草、爬爬樹的悠閒生活。觀察牠們四季各異的行為也很有趣，像是夏天會下水洗澡，冬天會刨挖作為被窩的洞穴等等，野生環境下的黑熊還會在洞穴裡冬眠。棲息於北美的黑熊本來就是獨居動物，此園的黑熊們彼此也保持著適當距離。如果想看牠們互相嬉鬧的景象，剛從獸舍出來的一大早是最佳時機。

邂逅8隻大熊！Safari Land的亮點

MONA & URE etc.

美洲黑熊

哺乳綱食肉目熊科

MONA ▸ 3歲／♀　URE ▸ 28歲／♀

A 吐舌的公熊MUSASHI。天氣熱時，黑熊便會像這樣癱在水泥管裡納涼。**B** MONA與9歲的KENTO。無所畏懼的MONA跟比自己大的對象也會打鬧。**C** MUSASHI是貪吃鬼。就算裝在車上的飼料沒了，牠還是會緊抓不放。**D** MONA很擅長爬樹。在樹上午睡是牠每天一定要做的事。

開園期間，遊客都能在自家轎車上或餵食巴士上觀察黑熊，近在眼前的龐大軀體超級震撼。牠們除了吃飼料之外，也會將橡果樹上的果實搖下來吃。不過，因為這8隻熊都很喜歡在樹幹附近玩，好不容易種下的橡樹時不時就會被拔起……

下從3歲的MONA，上到相當於人類90歲高齡的28歲老奶奶熊URE，8隻黑熊不僅外觀，就連年齡與性格都各不相同，各位可以比較看看。

MONA & URE etc. DATA

性格｜每隻都不同

特技｜挖洞

喜好｜蜂蜜

照片提供（P156-159）：秋吉台自然動物公園 Safari Land

從頭到尾都可愛到不行

優香

喜馬拉雅小熊貓

哺乳綱食肉目小熊貓科
4歲／♀

捲曲的可愛尾巴。從小常常理毛，尾巴就會捲曲。

拚命探出身子拿蘋果的模樣讓人忍不住會心一笑。牠還會向飼育員翻肚嬉鬧，行為就像個人類小孩。

寒冷的早晨也精神抖擻地上工！長頸鹿們的上班路

網紋長頸鹿

哺乳綱偶蹄目長頸鹿科

6隻長頸鹿一同邁步走來的景象令人嘆為觀止，途中也有長頸鹿會停下來嚼個樹葉。此外，飼育員也會同時進行長頸鹿解說。

冬季限定的「長頸鹿上班」活動很受歡迎，遊客能觀賞到長頸鹿們從獸舍陸續移動到展場的場面。

日本僅2頭

D

DAI

非洲森林象

哺乳綱長鼻目象科

19歲／♂

為非洲象的親戚，但不棲息於莽原，而是生活在森林中，是具有圓耳朵的珍貴物種。

名符其實的萬獸之王

C

Shine

白獅

哺乳綱食肉目貓科

9歲／♂

照到光時的鬃毛金光閃閃，氣質充滿了威嚴。附近縣市範圍內，就只有這間動物園能看到白獅。

曾一度失蹤

B

金

非洲禿鸛

鳥綱鸛形目鸛科

推測10歲／♀

金在飛行秀中會滑翔並擦過遊客的頭頂！雖然牠是來自非洲的鳥，卻很愛吃泥鰍。

總被當成壞人角色……

A

MIRAI & AZUKI

斑鬣狗

哺乳綱食肉目鬣狗科

MIRAI▶3歲／♂

AZUKI▶6歲／♀

斑鬣狗從旁趁機奪食的印象深植人心，但牠們其實是狩獵健將。園中能看到牠們像狗般打鬧的模樣。

TOKIWA 動物園
山口縣宇部市
頭頂的毛呈放射狀生長，模樣像極了河童，不過每隻毛髮的生長方式略有不同。
這種猴子的耳朵、嘴唇和眼眶的皮膚為黑色，而Jaffna還擁有比其他個體更醒目的大眼睛。

頭上頂著盤子!?宛若河童的猴子

Jaffna

斯里蘭卡獼猴

哺乳綱靈長目猴科

6歲／♂

這是種棲息在斯里蘭卡的獼猴，牠們的身形纖瘦嬌小，特色是頭頂有盤子般的放射狀毛髮。雖然過著群居生活，但猴群內的階級差異小，性格也很溫和。

斯里蘭卡獼猴的手指很靈活，能翻出菜上的蟲子來吃，而且牠們還有捕捉飛蠅的神技。此外，牠們也經常去吃展場的植栽，導致飼育員必須多費點心思，例如撒些植物種子，或是將飼料與枝葉分開擺放。

最引人注目的是6歲的Jaffna，牠的好奇心非常旺盛，每當看到新設的棲木或圓木時，總會毫無戒心地直接上去又爬又咬。

而如同人類會觀察斯里蘭卡獼猴，Jaffna也很喜歡仔細地觀察人類。如果各位感覺到好像有一道視線盯著自己，很可能就是來自Jaffna的窺視。

最佳觀賞時機是展場替換展示猴群的下午1點左右，因為這時也會進行餵食，能看到斯里蘭卡獼猴們把飼料塞滿頰囊的可愛模樣。

A 左邊是Jaffna。B 大家經常爬到大樹上抱成一團，似乎這樣能讓牠們感到安心。C 圖中是某天濕掉的毛髮豎成天線狀的Jaffna，飼育員看到時不禁哈哈大笑。D 斯里蘭卡獼猴會把飼料儲藏在頰囊中，之後再慢慢享用。

斯里蘭卡獼猴的英文名稱「Toque Macaque」中的「Toque」是指女用無簷小禮帽，取自牠們頭頂的毛就像戴著這樣一頂帽子。

Jaffna DATA

性格｜好奇心旺盛

特技｜捕捉飛蟲

喜好｜昆蟲、高麗菜、甜椒

照片提供（P160-163）：TOKIWA動物園

冬天不僅要用尾巴禦寒，還要做暖烘烘的日光浴

KIN etc.

環尾狐猴

哺乳綱靈長目狐猴科

KIN▸3歲／♂

比身體還長且黑白相間的尾巴不僅能禦寒，還能用來告知同伴自己的所在位置。

環尾狐猴調節體溫的能力並不發達，因此天冷時能看到KIN等猴子們張開雙臂做日光浴來提升體溫。

好似圍巾的蓬鬆皮毛雍容華貴

MAKKI etc.

白頸狐猴

哺乳綱靈長目狐猴科

MAKKI▸13歲／♂

這裡也有隻大膽做著日光浴的年長雄猴MAKKI。白頸狐猴是母系社會，所以有時牠會被雌性找碴。

黑白相間的軀體與頸部周圍的絨毛魅力十足。左圖是母猴Amant，眼距稍寬的容貌嬌媚可人。

牠們頸上的羽毛呈捲曲狀，因而得名叫卷羽鵜鶘，且牠們還有與其他鵜鶘相異的灰色羽毛，辨識度極高。

全長170㎝
最大的鵜鶘品種

LOVE

卷羽鵜鶘

鳥綱鵜形目鵜鶘科
22歲以上／♀

ときわ動物園

餵食時間鵜鶘們總會蜂擁而至，搶奪作為飼料的魚，尤其貪吃的卷羽鵜鶘LOVE更總是一馬當先。右圖張開大嘴討魚吃的就是LOVE。

理毛是必不可少的活動

BUU & Benny

綠翅金剛鸚鵡

鳥綱鸚形目鸚鵡科
BUU▶—／♂
Bonny▶7歲／♀

牠們每天都要梳理鮮豔的翅膀，維持羽毛美觀。2隻性格都很開朗，還會配合遊客的動作張開翅膀。

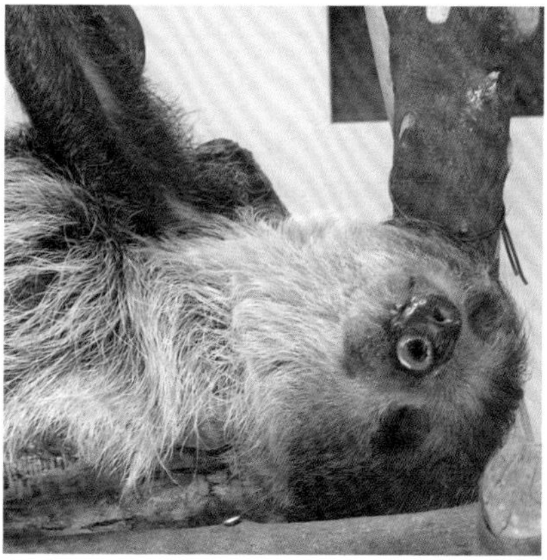

「餵我～」

OHANA

二趾樹懶

哺乳綱披毛目
二趾樹懶科
7歲／♂

OHANA正如人們對樹懶的既定印象，幾乎不怎麼活動。即使看到食物牠也不動，只是張開嘴催促人餵牠。

愛媛縣立
砥部動物園

愛媛縣伊予郡

和藹又溫柔的眼神。雖是陸地上最大的肉食動物，但PEACE很膽小，被嚇到就會立刻逃之夭夭。

純白的身軀。牠的坐姿從背後看就像團烤麻糬，讓人看著心情就平靜下來。

由飼育員養大
如今已經20歲

PEACE

北極熊

哺乳食肉目熊科

20歲／♀

日本國內首隻以人工哺育養大的北極熊。在出生後的110天期間，都由一名飼育員貼身照顧。非工作時間的晚上或休假日，飼育員也會把牠帶回家。聽說當時鄰居聽到PEACE的叫聲，還誤以為「那戶人家最近有了孩子」。

PEACE還小的時候，會把飼育員的手臂當成奶嘴吸食，如今已經20歲的牠還是會捲起舌頭發出啾啾聲，做出空吸的動作。

該園採取能自由進出寢室與展場的展示方式，因此能否見到PEACE，還要看牠的心情。如果想看牠游泳的模樣，推薦可以在下午1點到3點的泳池時間前往，不過這是不定期的活動。PEACE現在很愛泳池，但據說牠在小的時候，對水深20cm的澡盆可說是一點興趣都沒有，後來還是在飼育員用牛奶等食物的循循善誘下，才逐漸學會游泳的。

牠的養父母是飼育員，但牠的親生媽媽BARIBA也有在一旁展示。

A 2019年12月舉辦20歲生日派對時的照片。當時運動場前人山人海，PEACE受歡迎的程度可見一斑。冰塊蛋糕上方擺著水果、香腸等等牠愛吃的食材。B 牠很喜歡把球沉入水裡或丟著玩。C 碰巧拍到的可愛眨眼。

除了玉米外，PEACE也會把球或熱水袋當成抱枕，而這些全都是粉絲送的禮物。

PEACE DATA

- 性格｜膽小
- 特技｜空氣吸奶
- 喜好｜肉食動物用香腸、蘋果

照片提供（P164-167）：愛媛縣立砥部動物園

超稀有
非洲象親子

RIKA & 女兒們

非洲象

哺乳綱長鼻目象科

RIKA▶34歲／♀

7歲的二女兒砥愛是遊戲達人，牠會以不像大象的驚人方式玩耍，或是向遊客撒沙子玩，逗趣的模樣怎麼也看不膩（圖左）。

體型最大的是媽媽RIKA，旁邊2隻則是女兒。在日本就只有此園能看到非洲象親子。

夫妻的恩愛生活

Hagler & MIMI

河馬

哺乳綱偶蹄目河馬科

Hagler▶33歲／♂　MIMI▶34歲／♀

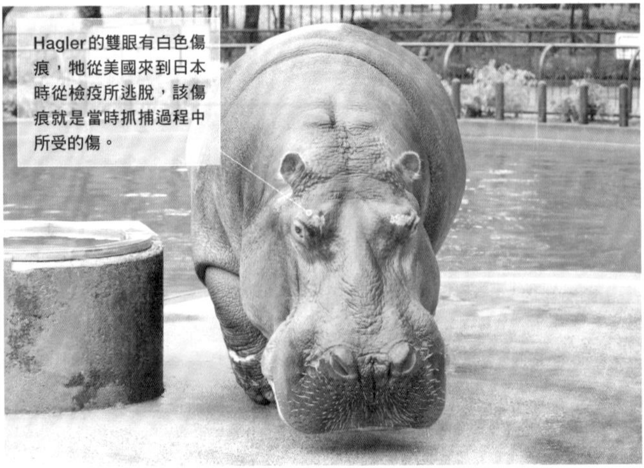

Hagler的雙眼有白色傷痕，牠從美國來到日本時從檢疫所逃脫，該傷痕就是當時抓捕過程中所受的傷。

開園當時就已經在的資深成員Hagler，與母河馬MIMI過著和睦的同居生活。各位可以看到牠們在戶外泳池游泳或進食等親密無間的互動。

C

A

D

B

飛天企鵝

D

Peach

洪保德環企鵝

鳥綱企鵝目企鵝科

13歲／♀

從玻璃打造的水槽下方仰望時，Peach等企鵝們就好像在空中翱翔。

擅長使用鼻子

C

YUME

南美貘

哺乳綱奇蹄目貘科

23歲／♀

渾圓又奇特的身形與約2000萬年前相比始終如一，且據說牠們也是最原始的大型哺乳動物。

這裡飼養著美洲獅一家

B

NIKO etc.

美洲獅

哺乳綱食肉目貓科

NIKO▶2歲／♀

美洲獅在日本的飼養數量非常稀少，不過該園在2019年10月迎來了NIKO，目前共計5隻。

超模般的風采

A

YUKA

藪貓

哺乳綱食肉目貓科

6歲／♀

小臉蛋配上苗條身體，藪貓是號稱莽原界超模的貓科動物，威風凜凜的氣場震懾人心。

白鳥動物園

香川縣東香川市

用圓溜溜的大眼睛觀察著人類，有些傻乎乎的認真表情超級可愛。

孟加拉白虎全身長滿了鑲有黑色紋路的白皮毛，眼睛呈藍色，肉球則為淡粉色。

孟加拉白虎不僅在世界範圍內的數量稀少，在日本也只有幾處能看到。如此稀有的動物在白鳥動物園中有從小開始飼養的個體，公老虎Rook就是其中之一。由於曾接受人工哺育，Rook的性格很愛撒嬌，甚至在身體狀況欠佳的時候，沒有飼育員親餵，牠就不願意吃。

早上是Rook最放鬆的時候，這時遊客有機會能看到牠在展場來回走動或伸懶腰等自在的模樣。

潔白身軀與藍色眼眸相映成暉

Rook

孟加拉白虎

哺乳綱食肉目貓科

6歲／♂

A 粗壯的四肢。Rook具有肉食動物特有的壯碩體格，就算躺著也很霸氣。B 當被那雙澄澈的天藍色眼眸盯著瞧時，感覺好像快要被吸進去了。C 小時候眼睛就圓滾滾的Rook很貪玩。D 毛色從寶寶時期就是白色。外表雖然可愛，但仍擁有粗大結實的腿。

孟加拉白虎是孟加拉虎的親戚，牠們是突然變異導致色素減少的白變品種，這與先天缺乏色素的白化症有所不同，和一般黃色的老虎也有不同的身體特徵。在其棲息地印度，孟加拉白虎還被視為神一般的存在，因為牠們那一身漂亮的雪白皮毛，會讓人聯想到傳說住著神靈的喜馬拉雅山上的白雪。

Rook頸部的條紋特別深，各位在觀賞時可以仔細察看。

Rook DATA

性格｜親人的撒嬌鬼

特技｜—

喜好｜馬肉

照片提供（P169C・D，P170斑鬣狗）：
白鳥動物園
拍攝（上述以外的P168-171）：岡本大樹

超會撒嬌

PATORA

非洲草原象

哺乳綱長鼻目象科

推測36歲／♀

只要遊客一靠近，牠便會舉起鼻子並張開大嘴引起注意，而這行為當然是為了討要食物。

彷彿小型犬

Jim & Ollie

斑鬣狗

哺乳綱食肉目鬣狗科

0歲／—

斑鬣狗是鬣狗中體型最大、最擅長狩獵的品種。目前這2隻0歲的寶寶都還是一副天真爛漫的模樣，期待牠們未來的成長。

為了向雌性求愛而綻開的飾羽美不勝收，這景象只有在繁殖期的3～6月左右能看到。

展開純白的羽毛
呼喚愛！

SHIRO

白孔雀

鳥綱雞形目雉科

—／♂

白孔雀是棲息在印度和斯里蘭卡的藍孔雀突然發生基因突變後的白變品種，在棲地牠們被人們視為「神聖的鳥」並受到小心的保護。

一路白到刺的尖端

ARASHI

白化豪豬

哺乳綱齧齒目豪豬科

—／♂

這隻是因基因變異，導致先天缺乏色素的白化品種。出生機率是數萬隻中才有1隻，可說是非常稀有的個體。

完美的眼神交流

MOMOTA

網紋長頸鹿

哺乳綱偶蹄目長頸鹿科

3歲／♂

站上柵欄旁的高台後，便能與MOMOTA的視線齊平，還可體驗近距離餵食。

數十隻小雞集體啾啾叫個不停……園內設有幾處小雞區，遊客能把小雞捧在手心上撫摸，同時與牠們互動。

經典不敗的可愛掌心小雞

—

小雞

鳥綱雞形目雉科

0歲／—

雖然就只是平凡無奇的小雞，但這正是牠們的可愛之處。尤其剛出生時的翅膀毛茸茸的，超好摸。

Category

07

KYUSYU

九州 ／ 沖繩

OKINAWA

01 福岡市動植物園

P174

園內共分3區，展示約110種450隻動物，如稀有的阿拉伯大羚羊和花豹家族等。「動物情報館ZooLab」是超受歡迎的體驗設施，遊客能透過最新數位技術和影像，獲取動物相關資訊和知識。

地址•福岡縣福岡市中央區南公園1-1　**電話**•092-531-1968　**開園**•9：00～17：00（入園受理至閉園前30分鐘）　**公休**•週一（逢節日延至隔日、3月底開園）　**費用**•兒童免費、大人300～600日圓不等　**車站**•自福岡市地下鐵七隈線的藥院大通（動植物園口）站，步行15分鐘；乘西鐵巴士，至動物園前巴士站或上智福岡中高前巴士站下車即達　**官網**•https：//zoo.city.fukuoka.lg.jp

02 熊本市動植物園

P178

此園坐落於江津湖湖畔，能觀賞到約120種700隻動物，以及800種植物。有日本唯一飼養的川金絲猴，以及在野生環境下已滅絕的麋鹿等稀有動物。園區內還有遊樂園區等設施。

地址•熊本縣熊本市東區健軍5-14-2　**電話**•096-368-4416　**開園**•9：00～17：00（入園受理至閉園前30分鐘）　**公休**•週一（逢節日延至下個平日、第4個週一延至隔日）　**費用**•兒童免費～100日圓、大人500日圓不等　**車站**•乘熊本市電A或B系統，至動植物園入口電站，下車步行15分鐘　**官網**•http：//www.ezooko.jp

03 平川動物公園

P182

此園不僅背臨櫻島與錦江灣，腹地內更有川流不息的五位野川，是一座自然環境豐富的動物公園。園內按棲地劃分成「印度森林區」、「非洲草原區」等，有許許多多的動物在此共生共榮。

地址•鹿兒島縣鹿兒島市平川町5669-1　**電話**•099-261-2326　**開園**•9：00～17：00（入園受理至閉園前30分鐘）　**公休**•無休　**費用**•兒童免費～100日圓、大人500日圓不等　**車站**•自JR指宿枕崎線的五位野站，乘鹿兒島交通路線巴士，至動物園巴士站下車後步行即達　**官網**•https://hirakawazoo.jp/

04 沖繩兒童王國　OKINAWA ZOO & MUSEUM

P186

位於日本最南端的動物園，內部飼養、展示著約150種動物，其中最受歡迎的是正值愛玩年齡的2歲白獅RIZUMU。另外也千萬別錯過琉球狐蝠、大冠鷲等沖繩特有物種。

地址•沖繩縣沖繩市胡屋5-7-1　**電話**•098-933-4190　**開園**•4～9月／9：30～18：00、10～3月／～17：30（入園受理至閉園前1小時）　**公休**•週二（逢節日延至隔日）　**費用**•兒童100日圓、大人500日圓不等　**車站**•自沖繩都市單軌電車的古島站，乘琉球巴士，至中之町巴士停下車後步行15分鐘　**官網**•https://www.okzm.jp/

01
02
03
04
Fukuoka Zoo & Botanical Garden
福岡市動植物園
FUKUOKASHI
DOSHOKUBUTSUEN
熊本市動植物園
KUMAMOTOSHI
DOSHOKUBUTSUEN
鹿児島市
平川動物公園
ZOO
HIRAKAWADOBUTSUKOEN
OKINAWA ZOO & MUSEUM
沖縄こどもの国
OKINAWAKODOMONOKUNI
OKINAWA ZUANDOMYUJIAMU
ZOO DATA

平川動物公園　拍攝：原口 徹

福岡市動植物園

福岡縣福岡市

花豹是夜行性動物，因此白天幾乎都悠閒地趴著或躺在樹上。
園內有3隻，其中尾巴最短的是公豹SUN。75kg中等身材的牠，外表仍很有威嚴。

在裝置豐富的展場中
能觀賞到貼近自然的樣貌

SANA & SUN etc.

花豹

哺乳綱食肉目貓科

SANA▶3歲／♀　SAN▶11歲／♂

福岡市動植物園內分別展示著爸爸SUN、媽媽LUNA與女兒SANA。SUN和LUNA是輪流隔一天展示，SANA則天天都能看到。

貓科動物的花豹很喜歡待在高處，這3隻都經常在高達4m的高台頂端休息。此外，在精心設計的展場中，還能看到牠們許多不同的樣貌，例如在水平設置的圓木或長約7m的貓走道上行走，或是在岩石凹處休息。

每當SUN剛來到展場的時候，都會先到處嗅聞氣味，然後撒個尿做記號。不過，有時牠也會啃咬或採爛植栽，讓飼育員有些困擾。另一方面，SANA的展場則重現了叢林、有斜度的岩地等環境。

年輕的SANA十分活潑好動，尤其在早上剛開館的時候，能看到牠從地面一躍跳上高達2m的岩地，或是從上面一口氣衝下來的情景。除此之外，也能看到牠利用長2m、直徑80cm的圓木啪哩啪哩地磨爪。

A SUN的容貌很有威嚴，但聽說除了交配外，其他時候都是雌豹LUNA比較強勢。B 在樹上行走的SUN。花豹大部分的時間都待在樹上，就連獵物也會叼到樹上享用。此外，這身直到腳尖的斑紋，有助於牠們伏擊獵物。C 還在成長中的SANA，體重目前約42kg。

在岩地凹陷處放鬆休息。雖然展場能從各種角度觀察，但裡面還是有能躲藏的地方。

SANA & SUN DATA

性格｜SUN性格穩重
特技｜爬高
喜好｜肉雞、雞頭

照片提供（P174-177）：福岡市動植物園

帥氣的Nico長得像爸爸，眼神英氣十足。聲音太大會嚇到牠，請靜靜地觀賞。

這裡生活著媽媽Linda、爸爸Jura和兒子Nico共3隻長頸鹿。各位造訪時有機會能看到牠們用長舌頭吃樹葉，或是Nico喝奶的情景。

盼望已久的寶寶
終於在2020年2月誕生

Jura & Linda & Nico

網紋長頸鹿

哺乳綱偶蹄目長頸鹿科

Jura ▸ 5歲／♂　Linda ▸ 8歲／♀
Nico ▸ 0歲／♂

最近風行轉繩索的水獺家族

RIRA etc.

亞洲小爪水獺

哺乳綱食肉目鼬科

RIRA ▸ 10歲／♀

這家人最近很流行轉繩索的活動。起頭的發明者是RIRA，在那之後大家也紛紛開始把身體垂吊在繩下，然後大力擺動使身體轉個不停。上圖是正在轉動的MAO。

媽媽RIRA、爸爸FUKU太加上孩子們，這裡共有5隻水獺過著同居生活。其中最顯眼的是活潑又貪吃的老么MAO。圖片後方是RIRA，前側則是MAO。

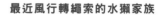

日本僅2間設施飼養
阿拉伯的獨角獸

MINA

阿拉伯大羚羊

哺乳綱偶蹄目牛科
2歲／♀

棲息在阿拉伯半島的牛科物種。壯觀的大角使牠們淪為盜獵目標，甚至一度在野生環境中滅絕，但目前已復育到1000隻左右。

從側面看時，2根角會重合成1根，因此牠們又被稱為「阿拉伯的獨角獸」。

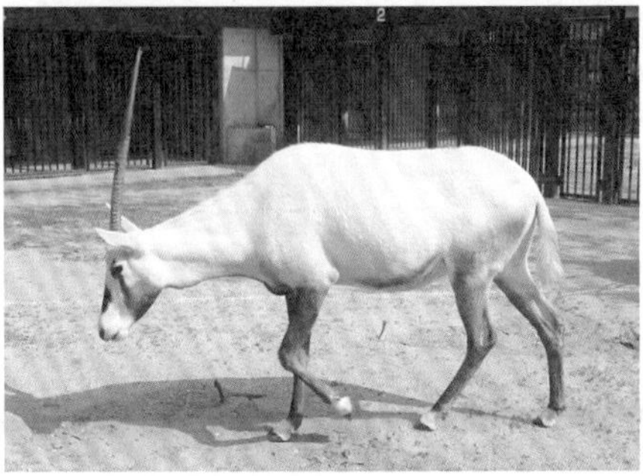

特技是模仿人類

KONATSU

黑猩猩

哺乳綱靈長目人科
推測42歲／♀

飼育員伸出手時，KONATSU也會伸手回握。從與人相似的動作中能感受到牠不凡的智力。

站著吃蘋果

MARIMO

喜馬拉雅小熊貓

哺乳綱食肉目小熊貓科
12歲／♀

MARIMO吃蘋果時，牠會用前掌抓著並保持站姿大快朵頤，不知道這該說是吃相好還是不好呢？

彷彿孫悟空的
絕美黃金猴子

飛飛 & 優優

川金絲猴

哺乳綱靈長目猴科

飛飛▶21歲／♂　優優▶16歲／♀

川金絲猴是一種從臉部周圍到背部都覆滿金黃色皮毛的猴子，中文別名為「仰鼻猴」，在日本僅熊本市動植物園能見到。公猴飛飛和母猴優優這對兄妹是採分開展示，不過經常能看到牠們在圍欄邊上互相依偎、理毛的景象。感情融洽的牠們如果有一方發出叫聲，另一隻也會應聲而叫。飛飛就算有遊客來也不怕，但優優性格就比較膽小，還請靜靜地觀賞。

居住在寒冷地帶的川金絲猴擁有一身毛茸茸的黃金皮毛，牠們每天都必須梳理毛髮。

川金絲猴的尾巴很長，幾乎與身體相當。此外，藍臉和塌鼻子也是川金絲猴的特徵。

A 母猴優優的體型比飛飛更纖細苗條。B 飼料吃完後，牠們會再次伸手向飼育員催討。C 川金絲猴的屁股和臉一樣是藍色的。D 飛飛嘴巴兩側有突起的疣，這是成年雄猴的特徵。野生環境下，由於棲地開發，以及人們覬覦金色皮毛而對其展開獵捕等因素，川金絲猴目前已被列為瀕危物種。

每天早上前往運動場前，飼育員都會親手餵食，順便確認牠們的表情、食慾和健康狀態等。兩隻和飼育員的關係都很親近，聽說只要一呼喚，牠們就會開心地跑下來。

野生川金絲猴生活在中國海拔約3000m的山岳地帶，因此該園的運動場和寢室以圓木搭建，營造垂直運動的空間。開館期間都能前往參觀，但早上是最佳觀賞時機，能看到牠們在柵欄與圓木間來回飛躍的身影，場面精彩絕倫。

飛飛&優優 DATA

性格｜飛飛親人、優優膽小
特技｜手指很靈活
喜好｜蘋果、橘子等水果

照片提供（P180麋鹿）：熊本市動植物園
拍攝（上述以外的P178-181）：大岩 亨

總讓飼育員困擾
破壞圍欄的慣犯

Santa

伊蘭羚羊

哺乳綱偶蹄目牛科

8歲／♂

螺旋狀的犄角令人印象深刻。伊蘭羚羊是牛科中體型最大的物種，因此又別名巨羚。

8歲的Santa很愛玩玩具和惡作劇。牠下垂的喉部皮膚是牛科動物的特徵，額頭上還有茂密的毛髮，體格雄壯威武。

原產自中國的麋鹿在野生環境下已經滅絕，在日本的飼養數量也僅8隻。牠的犄角像鹿、頸部如駱駝、蹄像牛、尾巴則像驢，由於無法歸在任何一類，所以又叫「四不像」。

麋鹿很喜歡沼澤地，於是戶外展區設置了能讓牠洗泥巴浴的遊戲區。

在野生環境中已經滅絕
擁有4種動物特徵的麋鹿

喬巴

麋鹿

哺乳綱偶蹄目牛科

7歲／♂

2隻合作時配合得天衣無縫

MOMOKO & SORA

河馬

哺乳綱偶蹄目河馬科

MOMOKO ▶ 23歲／♀　SORA ▶ 8歲／♀

情同姊妹的2隻河馬總是一起行動，身體大上一圈的是較年長的MOMOKO。

2隻河馬時而咬著圓木拔河（左圖），時而一起散步（右圖）。總是由體型較大的MOMOKO先搖落吊起的飼料，SORA再撿起來吃掉（右下圖）。

豎起銳刺
表達強烈抗議

Rio

非洲冕豪豬

哺乳綱齧齒目豪豬科

4歲／♂

一般非洲冕豪豬豎起大量針刺是為了防身，但Rio則是在沒看到喜歡的番薯時會豎起尖針，生氣地向飼育員抗議。此外，牠能用兩隻前掌牢牢夾著食物享用（左圖）。

從背部延伸到尾巴的黑白針刺，以及頭上的鬃毛帥氣又拉風。據說豪豬的刺多達約3萬根。

白犀SHINO的嘴是呈扁平狀，方便刨挖地面的草皮享用。
3隻長頸鹿中，體型最大、紋路最深的就是Heart，牠的身上還有一些心型圖案。
A

C

B

A B SHINO和Heart保持著適當距離，過著彼此互不干涉的閒散生活。這2隻在長年相處下，關係已如魚得水，但當遇到交情尚淺的年輕個體時，牠們便會嗅聞彼此身體來進行交流。C SHINO在Heart旁邊嚼食地面青草。

重現非洲草原風景 長頸鹿與犀牛的混合展場

SHINO & Heart

SHINO ▸ 南方白犀牛
Heart ▸ 馬賽長頸鹿

SHINO ▸ 哺乳綱奇蹄目犀科
Heart ▸ 哺乳綱偶蹄目長頸鹿科

SHINO ▸ 41歲／♀　Heart ▸ 10歲／♂

耗時7年大幅翻新的平川動物公園中，按棲息地分成「印度森林區」、「澳大利亞自然區」等展區，每一個區域內還同時生活著多隻不同種類的動物，超貼近自然樣貌的展示方式蔚為話題。

其中最受人注目的是穿越大門後馬上就能看到的「非洲草原區」，在將櫻島比擬成吉力馬札羅山的腹地內，長頸鹿、犀牛、斑馬、鴕鳥與紅鶴等動物過著和諧的生活。

非洲草原區中最吸引人的就是南方白犀牛和馬賽長頸鹿，只有這裡才能看到同為稀有種的牠們生活在同一片區域的景象。

野生的南方白犀牛棲息在非洲東南部的莽原，牠們很愛洗泥巴浴，而此園的犀牛也有相同的習性，在發現泥坑時便會毫不猶豫地衝去，豪邁地開始滾泥巴。

馬賽長頸鹿的特徵是覆滿全身的鋸齒狀斑紋，牠們野生的棲地是肯亞和坦尚尼亞，而在日本則只有4座設施能見到。

D「非洲草原區」混合展示著多種多樣的動物。圖中可以看到Heart就算腳下有斑馬也絲毫不在意，感覺生活十分愜意。E 腹地內也有水池。F 在公園的廣大腹地內，櫻島的大全景一覽無餘。G 正在玩泥巴的SHINO。據說泥巴有去除寄生蟲和避免皮膚乾燥的效果。

腹地內有配合長頸鹿身高設置的柵欄。人工哺育的Heart很親人，見到遊客有時還會探頭靠近。

SHINO & Heart DATA

性格	SHINO：隨心所欲，Heart：親人
特技	SHINO：玩泥巴、 Heart：靈活地用舌頭只吃掉枝幹上的樹葉
喜好	SHINO：甘草、Heart：樹葉

照片提供（除下述以外的P182-185）：平川動物公園
拍攝（P182A・C，P183E・右下，P185A・D）：原口 徹

乍看之下猶如家貓。
石虎的共同特徵是大
眼睛和長尾巴，然而
斑紋形狀則各有不同。

飯後是最佳觀賞時機
無可挑剔的折手坐姿

MADO
石虎

哺乳綱食肉目貓科
8歲／♂

石虎的警戒心很強，因此MADO大多隱身於樹洞或岩穴之中。不過偶爾還是能看到牠完美的折手坐，那無懈可擊的姿勢在愛貓人士間廣為流傳（右圖）。

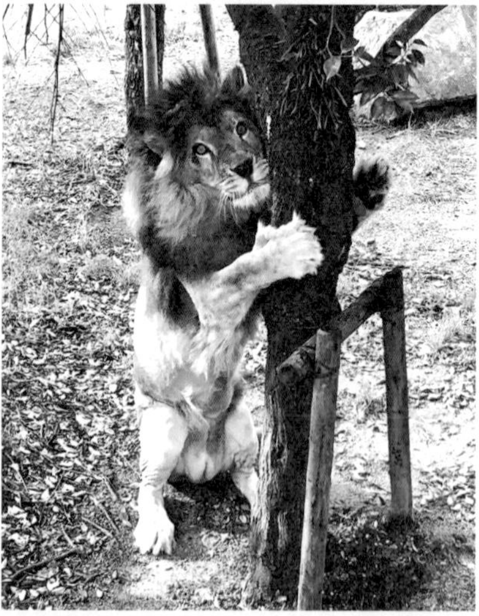

舉止文靜的萬獸之王

JION
獅子

哺乳綱食肉目貓科
14歲／♂

JION的性格沉穩，看牠用樹幹磨爪或是打滾的模樣，簡直就像隻大貓咪。

最愛爬柵欄

SUI
黑豹

哺乳綱食肉目貓科
4歲／♀

基因突變導致黑豹擁有一身亮麗黑毛，但照到光時還是能看到花豹特有的斑紋，各位可以仔細觀察。

C

A

D

B

奄美大島的「夢幻鳥」

D

—

虎斑地鶇

鳥綱雀形目鶇科

—／♂

在奄美大島的路上身受重傷，獲得園方收留。目前棲息數量約200隻，但全球僅此處有展示。

鹿兒島縣的天然紀念物

C

KOTAROU

吐噶喇馬

哺乳綱奇蹄目馬科

27歲／♂

鹿兒島縣吐噶喇群島上的原生馬。牠們的身高雖然僅110㎝左右，但體格健壯且性格溫順。

家庭成員還在增加中

B

BUNDA

無尾熊

哺乳綱雙門齒目無尾熊科

9歲／♂

該園從以前就開始添置無尾熊，目前已養了10隻，其中最受歡迎的是體型最大的BUNDA。

禿鷹之王

A

SARA

王鷲

鳥綱美洲鷲目美洲鷲科

43歲／♀

巨大身體配上華麗五官，存在感極強。1974年時，SARA作為親善大使從祕魯國立動物園而來。

白獅棲息在非洲，美麗的外表被當地的薩滿巫師們代代相傳為「神的使者」。

純白的皮毛會隨成長逐漸轉成近似金色的顏色，但仍然有其獨特的美。

白獅是獅子發生白變後產生的品種，全球僅約300隻，數量相當稀少。

牠們毛色變白的原因眾說紛紜，其中有一個說法是在白雪覆蓋整片大地的冰河時期，白毛能讓獵物難以察覺，有助於白獅進行狩獵。

據說沖繩兒童王國的RIZUMU小時候也白得像隻玩偶，但從1歲起牠的毛色便漸漸染上一點金色，就算待在岩地上，也不會太醒目。

非洲的神使
正值愛撒嬌又愛玩的2歲

RIZUMU

白獅

哺乳綱食肉目貓科
2歲／♀

A RIZUMU很喜歡高處，樹上是牠的老位置。但若呼喚名字，牠有時還是會靠過來。B 玩球玩到渾然忘我的RIZUMU，露出肚皮的模樣毫無防備。C 天空有飛機飛過時，牠也會循著聲音往上瞧。D 當飼育員過來，RIZUMU便會用臉或身體摩擦玻璃來引起注意。週日還有餵食體驗（付費），屆時牠會在遊客面前吃馬肉，因此能清楚看到牠嘴裡的利齒。

當時還只有1歲的RIZUMU非常貪玩，每當發現飼育員的時候，牠便會靠近玻璃或是來回奔跑並大肆嬉鬧。而且聽說牠還會惡作劇，例如牠曾躲在岩石陰影處，然後突然現身嚇唬飼育員。

展場是由斜面構成，遊客能分別從上下兩層，或從各種角度進行觀察，有些角度還能看到牠淡粉色的肉球。目前RIZUMU是與雄獅SERAMU輪流展示。

RIZUMU DATA

性格｜好奇心旺盛且很會撒嬌

特技｜擄獲遊客的心

喜好｜馬肉

照片提供（P188B・C，P189）：
沖繩兒童王國　OKINAWA ZOO & MUSEUM
拍攝（上述以外的P186-188）：Mari Nakandakari

大啖沖繩美食

D

琉花

印度象

哺乳綱長鼻目象科
20歲／♀

不定期能看到琉花享用作為點心的甘蔗、黑糖、芒果或芭樂等沖繩特產。

對馬的原生種山貓

C

FUKUTA

對馬山貓

哺乳綱食肉目貓科
17歲／♂

為國家指定天然紀念物，在園區飼養是為了讓人們瞭解牠們瀕臨絕種的現狀。特徵是圓耳與粗尾。

南美的王者

B

HAKU

美洲豹

哺乳綱食肉目貓科
3歲／♂

包含HAKU在內，日本共有13隻。與花豹不同，美洲豹的特徵是斑紋中還有斑點。

常見於沖繩各島的生物

A

JYUN

琉球狐蝠

哺乳綱翼手目狐蝠科
11歲／♀

展翅長約90㎝的大型蝙蝠。在沖繩城鎮也能看到野生的琉球狐蝠，不過別擔心，牠們不吸血。

G E

H F

渾身橄欖綠

H

—

紅頭綠鳩

鳥綱鴿形目鳩鴿科

—

在日本的棲息地是西南群島。羽毛的保護色能讓牠們融入樹木中，就連飼育員也很難發現。

沖繩島北部的原生種

G

—

琉球尖鼻蛙

兩生綱無尾目赤蛙科

—

四肢修長、體型苗條的青蛙。牠們的卵是純白色，剛孵化的蝌蚪也會暫時呈現白色。

最愛吃青蛙

F

—

大冠鷲

鳥綱鷹形目鷹科

—

只在石垣島和西表島上繁衍的國家天然紀念物。在感到興奮時，後腦的羽毛會倒豎，震懾力十足。

外表就像隻怪獸

E

—

琉球龍蜥

爬蟲綱有鱗目鬣蜥科

4歲以上／♀

樹棲性蜥蜴，雄性的特徵是腋下兩邊有黃色閃電紋路，而且這種蜥蜴的體色還會隨環境稍有變化。

攝影

●安彥嘉浩
1989年山形縣出生。2016年移居北海道十勝市，每天不眠不休地拍攝在這片大地上生存的野生動物，以及包容所有心靈的大自然。
instagram：@y.abiko.photography

●岩村美佳
千葉縣出身。是攝影師，同時也從事戲劇領域的撰稿、訪談與主持等。在遠征各地觀劇之餘，邂逅當地的自然風光和野生動物是我個人享受的方式。另外目前也有在《ideanew》網頁上連載隨筆「我與貓咪們」。
https://mikaiwamura.com

●大岩 亨
攝影師。現居熊本市。長年從事婚紗攝影，近年也開始承接廣告與全家福等拍攝工作，「笑聲不絕於耳的拍攝現場」是我的人生格言。希望能憑藉豐富經驗，追求超乎需求的作品。
https://www.alto-pics.com

●岡本大樹
是撰稿人也是一名攝影師，造訪目的地不分海內外，同時也會幫自己拍攝的照片撰寫文章。在小笠原群島的旅途中，近距離感受大翅鯨躍出海面時的生命力的經驗，是我決定開始從事目前工作的契機。
twitter：@daiki79
擔任撰稿：p168-169

●北島宏亮
現居 岡縣濱松市的攝影師。以「將美麗的日本傳遞給世界」為主題，拍攝日本各地的風景、文化、動物照片。
https://www.kousukekitajima-photographer.com

●木村悅子
本業是編輯與撰稿人，最近也開始拍照。原本先是在食譜書籍和資訊雜誌等領域積累經驗，隨著動物主題委託增加，亦開始於「NATURE&SCIENCE」和「ikimonoAZ」等媒體上活動。著作《撞臉動物圖鑑：相似度爆表的自然界動物》已於日本再版三次。
http://mito-pub.net/
擔任撰稿：p26-27, p36-38, p40-41, p56-57, p60-61, p64-66, p82-84, p124-125, p142-143

●近藤孝行
1982年生，現居秋田縣的自由攝影師。曾長年於主要從事婚紗攝影的大型攝影公司工作，後自立門戶。目前承接人像攝影、靜物攝影等各領域的拍攝工作。
https://sprout-photo.jimdofree.com/

●阪田真一
動物園攝影師。專門從事動物園、水族館和植物園的攝影工作。不只拍動物，亦善於捕捉園區內的工作人員、環境以及園區內外舉行活動時的情景。近年來則開始為了雜誌和書籍的取材四處奔走。是廣告攝影師協會的會員。
twitter：@ZooPhotoShin1

●佐藤 章
現居北海道釧路市。自然攝影師。深深被天之川的美麗所感動後，從此沉迷於拍攝北海道的自然風景。以道東為據點，從事風景、野生動物和體育攝影。最喜歡毛茸茸的東西。
instagram：@lacciophoto

●柴 佳安
1964年出生，現居富山市。攝影師。自小開始接觸拍照，憑藉自學習得拍攝技巧。主要從事以人物和城鎮為主題的拍攝活動。和家人與2隻貓一起生活。小時候的夢想是成為獸醫，或動物園的飼育負責人。
instagram：@yslab

●寺島由里佳
超喜歡動物的攝影師。遊歷日本、國外的動物園超過10年。曾為應用程式「one zoo」提供動物們的照片與影片，也曾在雜誌等傳授拍攝動物的方法，同時亦為動物園的WS攝影組織企業與企劃。
http://yuricamera.net/

●ナカンダカリ マリ
沖繩出身。2016年成為獨立攝影師。以沖繩為據點，從事各種廣告、外景等拍攝工作。
http://nakari-pic.fem.jp/

●原口 徹
現居鹿兒島。攝影師與網頁製作人。主要從事人像攝影，另也有承接觀光企業等單位的免費刊物或官網照片的攝影工作。在平川動物公園官網更新時，曾向參賽企業提供照片。
https://t-styles.biz

●松本紀子
現居岡山縣。攝影師&撰稿人。主要涉足觀光網站、雜誌、廣告等領域，並曾經手《日本全國　旅途中也想順道前往的小鎮書店》、《日本全國長大後也想去的我的繪本巡禮》等書籍。
http://norikomatsumoto.com

●渡邊智之
以「自然與人的連結」為宗旨，拍攝生活於周遭的野生動物和野鳥等各種生物，並向雜誌等媒體投稿。另外亦擔任Nikon College講師。
https://wtnbtmyk47.wixsite.com/watanabetomoyuki

出　　版／楓葉社文化事業有限公司
地　　址／新北市板橋區信義路163巷3號10樓
郵政劃撥／19907596　楓書坊文化出版社
網　　址／www.maplebook.com.tw
電　　話／02-2957-6096
傳　　真／02-2957-6435
譯　　者／洪薇
責任編輯／邱凱蓉
內文排版／楊亞容
港澳經銷／泛華發行代理有限公司
定　　價／360元
初版日期／2023年8月

BOOK STAFF
■ 封面設計　別府 拓（Q.design）
■ 本文設計　市川しなの（Q.design）
■ DTP　菊地和幸
■ 編輯協力　玉寄 優（G.B.）
■ 編輯・執筆　山田容子（G.B.）

DOUBUTSUEN MEGURI

國家圖書館出版品預行編目資料

日本動物園巡禮：動物愛好者旅遊指南 / G.B.株式會社作；洪薇譯. -- 初版. -- 新北市：楓葉社文化事業有限公司，　2023.08　面；　公分

ISBN 978-986-370-574-1（平裝）

1. 旅遊　2. 動物園　3. 日本

731.9　　112010260